北大社·"十三五"普通高等教育本科规划教材
高等院校汽车专业"互联网+"创新规划教材

汽车构造

（上册）

主　编	肖生发	郭一鸣
副主编	康元春	高　伟
参　编	冯　樱	姚胜华
	韩同群	程婷婷
	王金虎	周红妮
	邓召文	章　菊
主　审	许洪国	

北京大学出版社
PEKING UNIVERSITY PRESS

内 容 简 介

全书分为上、下两册。上册包括总论、汽车发动机构造、新能源汽车等内容；下册包括汽车底盘构造、汽车车身及附属设备简介等内容。

本书的编写特色是实用、够用和有新意。本书注重理论基础知识与工程实践应用的结合；以基本知识点为纲，结合国内外典型汽车实例介绍汽车的结构与工作原理；以乘用车内容为主，介绍近年来已成熟的新结构、新技术。本书对部分汽车零部件做了英文标注。

本书可作为高等院校汽车工程类各专业的教材，也可作为高职高专、成人教育汽车工程类各专业的教材，还可以作为汽车产业工程技术人员、公路运输行业工程技术人员的参考用书和汽车爱好者的读本。

图书在版编目(CIP)数据

汽车构造.上册/肖生发，郭一鸣主编.—北京：北京大学出版社，2017.10
(高等院校汽车专业"互联网+"创新规划教材)
ISBN 978-7-301-28803-0

Ⅰ.①汽… Ⅱ.①肖… ②郭… Ⅲ.①汽车—构造—高等学校—教材 Ⅳ.①U463

中国版本图书馆 CIP 数据核字(2017)第 237477 号

书　　　名	汽车构造（上册） Qiche Gouzao
著作责任者	肖生发　郭一鸣　主编
策划编辑	童君鑫
责任编辑	黄红珍
数字编辑	刘　蓉
标准书号	ISBN 978-7-301-28803-0
出版发行	北京大学出版社
地　　　址	北京市海淀区成府路 205 号　100871
网　　　址	http://www.pup.cn　新浪微博：@北京大学出版社
电子信箱	pup_6@163.com
电　　　话	邮购部 010-62752015　发行部 010-62750672　编辑部 010-62750667
印刷者	天津和萱印刷有限公司
经销者	新华书店
	787 毫米×1092 毫米　16 开本　13 印张　297 千字 2017 年 10 月第 1 版　2023 年 6 月第 2 次印刷
定　　　价	49.00 元

未经许可，不得以任何方式复制或抄袭本书之部分或全部内容。
版权所有，侵权必究
举报电话：010-62752024　电子信箱：fd@pup.pku.edu.cn
图书如有印装质量问题，请与出版部联系，电话：010-62756370

前　　言

近年来，汽车工业的发展与繁荣，使汽车及其相关产业的人才需求量大幅度增长，故需要培养更多的创新型应用人才以适应社会需求。

本书是根据北京大学出版社《高等院校汽车专业"互联网+"创新规划教材》的要求编写的，旨在满足全国众多应用型本科院校培养汽车类人才的需要。

全书分为上、下两册。上册包括总论、汽车发动机构造、新能源汽车等内容；下册包括汽车底盘构造、汽车车身及附属设备简介等内容。

本书的编写特色是实用、够用和有新意。本书内容力求反映当代汽车技术发展状况；注重理论基础知识与工程实践应用的结合；以基本知识点为纲，结合国内外典型汽车实例介绍汽车的结构与工作原理；以乘用车内容为主，介绍近年来已成熟的新结构、新技术。本书对部分汽车零部件做了英文标注。

本书引入互联网学习平台，运用二维码技术，使部分结构与工作原理的学习变得简单、生动，手机扫一扫，学习变轻松。

本书作为湖北汽车工业学院创建的国家精品课程"汽车构造"的系列辅助教材，可用于高等院校汽车工程类各专业的教学，特别适合少学时教学的需要，以及非汽车类专业的教学需要；也可用于高职高专、成人教育汽车工程类各专业的教学；还可以作为汽车产业工程技术人员、公路运输行业工程技术人员的参考用书和汽车爱好者的读本。

本书由湖北汽车工业学院汽车工程学院组织编写，肖生发教授担任第一主编，郭一鸣副教授担任第二主编，康元春副教授、高伟副教授担任副主编，参加编写的有冯樱、姚胜华、韩同群、程婷婷、王金虎、周红妮、邓召文、章菊。全书由肖生发统稿，吉林大学交通学院许洪国教授主审。

为帮助读者学习巩固汽车构造知识，读者可参考北京大学出版社出版的《汽车构造学习指导与习题详解》。

由于编者水平有限，疏漏和不当之处在所难免，谨请广大读者批评指正。

编　者
2017 年 9 月

目 录

总论 …………………………………… 1
  0.1 汽车工业发展概况 ………… 1
    0.1.1 世界汽车工业的发展 … 1
    0.1.2 中国汽车工业的发展 … 4
  0.2 汽车的组成及分类 …………… 6
    0.2.1 汽车的组成 …………… 6
    0.2.2 汽车的分类 …………… 7
    0.2.3 汽车代号 ……………… 11
  思考题 ………………………………… 12

第1章 汽车发动机的基本知识 ……… 13
  1.1 概述 …………………………… 13
    1.1.1 发动机的分类 ………… 13
    1.1.2 发动机的基本结构与
　　　　术语 …………………… 14
  1.2 四冲程发动机的工作原理 … 16
    1.2.1 四冲程汽油机的工作
　　　　原理 …………………… 16
    1.2.2 四冲程柴油机的工作
　　　　原理 …………………… 18
    1.2.3 汽油机和柴油机的
　　　　比较 …………………… 20
  1.3 发动机的总体构造与产品型号
　　　编制规则 ……………………… 20
    1.3.1 发动机的总体构造 … 20
    1.3.2 内燃机产品名称及型号
　　　　编制规则 ……………… 23
  思考题 ………………………………… 24

第2章 曲柄连杆机构 ………………… 25
  2.1 概述 …………………………… 25
  2.2 机体组 ………………………… 26
    2.2.1 气缸体 ………………… 26
    2.2.2 气缸盖与气缸衬垫 … 30
    2.2.3 油底壳 ………………… 32

  2.3 活塞连杆组 …………………… 32
    2.3.1 活塞 …………………… 32
    2.3.2 活塞环 ………………… 34
    2.3.3 活塞销 ………………… 36
    2.3.4 连杆 …………………… 37
  2.4 曲轴飞轮组 …………………… 39
    2.4.1 曲轴 …………………… 39
    2.4.2 扭转减振器 …………… 43
    2.4.3 飞轮 …………………… 44
  2.5 发动机的悬置 ………………… 45
  思考题 ………………………………… 46

第3章 配气机构 ……………………… 47
  3.1 概述 …………………………… 47
    3.1.1 充气效率 ……………… 47
    3.1.2 气门与凸轮轴的布置
　　　　形式 …………………… 48
    3.1.3 配气相位 ……………… 53
  3.2 配气机构的组成 ……………… 54
    3.2.1 气门组 ………………… 54
    3.2.2 气门传动组 …………… 57
  3.3 可变配气机构 ………………… 61
  思考题 ………………………………… 62

第4章 汽油机燃料供给系统 ………… 63
  4.1 概述 …………………………… 63
    4.1.1 汽油的基本特性与汽油机
　　　　燃料供给系统的功用 … 63
    4.1.2 可燃混合气 …………… 64
    4.1.3 汽油机燃料供给系统的
　　　　组成 …………………… 67
  4.2 电控汽油喷射系统 …………… 70
    4.2.1 系统分类 ……………… 70
    4.2.2 工作原理 ……………… 73
    4.2.3 汽油供给系统 ………… 76

4.2.4 空气供给系统 ……… 81
4.2.5 电子控制系统 ……… 85
4.3 汽油缸内直喷系统 ……… 90
4.3.1 工作原理 ……… 90
4.3.2 典型结构 ……… 90
思考题 ……… 93

第5章 柴油机燃料供给系统 ……… 94
5.1 概述 ……… 94
5.1.1 柴油机燃油供给系统的功用和组成 ……… 94
5.1.2 可燃混合气形成的影响因素与燃烧室 ……… 95
5.2 喷油器 ……… 97
5.2.1 功用与工作原理 ……… 97
5.2.2 孔式喷油器 ……… 98
5.2.3 轴针式喷油器 ……… 99
5.3 喷油泵 ……… 100
5.3.1 柱塞式喷油泵 ……… 100
5.3.2 转子分配式喷油泵 ……… 103
5.4 调速器 ……… 108
5.4.1 功用与分类 ……… 108
5.4.2 两极式调速器 ……… 109
5.5 柴油供给装置 ……… 112
5.5.1 柴油滤清器 ……… 112
5.5.2 油水分离器 ……… 113
5.5.3 输油泵 ……… 113
5.6 共轨柴油喷射系统 ……… 116
5.6.1 工作原理 ……… 116
5.6.2 典型结构 ……… 118
思考题 ……… 123

第6章 进、排气装置及排气净化装置 ……… 124
6.1 进、排气装置 ……… 125
6.1.1 空气滤清器 ……… 125
6.1.2 进气支管 ……… 126
6.1.3 排气支管 ……… 129
6.1.4 排气消声器 ……… 130
6.2 汽车发动机增压 ……… 131

6.2.1 基本原理与分类 ……… 131
6.2.2 涡轮增压系统 ……… 133
6.3 排气净化装置 ……… 136
6.3.1 催化转化器 ……… 136
6.3.2 废气再循环装置 ……… 137
6.3.3 柴油机微粒过滤器 ……… 137
6.3.4 汽油蒸发控制系统 ……… 139
思考题 ……… 140

第7章 冷却系统 ……… 141
7.1 概述 ……… 141
7.1.1 功用与组成 ……… 142
7.1.2 冷却强度调节 ……… 143
7.2 主要部件及冷却液 ……… 144
7.2.1 散热器 ……… 144
7.2.2 节温器 ……… 147
7.2.3 水泵 ……… 147
7.2.4 风扇 ……… 148
7.2.5 冷却液 ……… 150
思考题 ……… 151

第8章 润滑系统 ……… 152
8.1 概述 ……… 152
8.1.1 功用与组成 ……… 152
8.1.2 润滑方式与润滑油路 ……… 153
8.2 主要部件及润滑剂 ……… 155
8.2.1 机油泵 ……… 155
8.2.2 机油滤清器 ……… 158
8.2.3 机油冷却器 ……… 160
8.2.4 润滑剂 ……… 160
思考题 ……… 162

第9章 点火系统与起动系统 ……… 163
9.1 概述 ……… 163
9.1.1 点火系统的分类 ……… 163
9.1.2 传统点火系统的组成及工作原理 ……… 164
9.2 传统点火系统 ……… 166
9.2.1 点火线圈 ……… 166
9.2.2 分电器 ……… 168

  9.2.3 火花塞 …………… 170
9.3 电子点火系统和微机控制
  点火系统 ………………… 171
  9.3.1 电子点火系统 ……… 171
  9.3.2 微机控制点火系统 … 172
9.4 起动系统 ……………………… 173
  9.4.1 组成及工作原理 …… 173
  9.4.2 起动机 ……………… 174
9.5 汽车供电装置 ………………… 176
  9.5.1 蓄电池 ……………… 176
  9.5.2 交流发电机 ………… 177
思考题 ……………………………… 179

第10章 新能源汽车 ……………… 180

10.1 概述 ………………………… 180
  10.1.1 新能源汽车的定义 … 180
  10.1.2 新能源汽车的分类 … 181
10.2 纯电动汽车 ………………… 181
  10.2.1 纯电动汽车的组成及
    原理 ……………… 181

  10.2.2 纯电动汽车的主要
    特点 ……………… 182
  10.2.3 纯电动汽车动力电池与
    驱动电动机 ……… 183
10.3 混合动力电动汽车 ………… 187
  10.3.1 混合动力电动汽车的
    含义 ……………… 187
  10.3.2 混合动力电动汽车的
    种类 ……………… 187
10.4 燃料电池电动汽车 ………… 190
  10.4.1 燃料电池电动汽车的
    含义与基本结构 … 190
  10.4.2 燃料电池 ……………… 191
10.5 天然气汽车 ………………… 192
  10.5.1 天然气汽车的分类 … 192
  10.5.2 天然气汽车的结构与
    特点 ……………… 192
思考题 ……………………………… 194

参考文献 ………………………… 195

总　　论

教学提示

汽车这一"改变世界的机器",在 20 世纪极大地影响人类社会发展,创造了辉煌。在 21 世纪,汽车仍然是主要的交通工具,同样与社会、经济与生活密不可分。学习汽车构造,将为我们奠定未来工作和生活的基础。

教学目标

要求学生了解国内外汽车工业发展情况;掌握汽车的组成、分类及汽车编号规则;了解车辆识别代号。

百余年来,汽车改变着世界,也改变着中国。发达国家(如美国、日本、德国、法国等)都把汽车产业作为国民经济的支柱产业,极大地促进了经济的快速发展。近年来,随着我国经济的不断发展,汽车产业有了长足的进步,汽车产业对我国经济的促进作用越来越明显,其势头有增无减,而同样成为我国国民经济的支柱产业。

0.1　汽车工业发展概况

0.1.1　世界汽车工业的发展

现代汽车是以内燃机为动力作标志的。1886 年 1 月 29 日,德国工程师卡尔·本茨的一辆带煤气发动机的三轮汽车(图 0.1)获得德国皇家专利局第 37435 号专利证书,宣告现代汽车诞生。同年,德国人戈特利布·戴姆勒制成了四轮内燃机汽车(图 0.2)。

自卡尔·本茨制造出第一辆三轮汽车以后,德国的汽车公司大量涌现。戴姆勒-奔驰汽车公司是世界上历史最悠久的汽车公司。其前身奔驰汽车厂成立于 1886 年,戴姆勒公司成立于 1890 年,两家公司于 1926 年合并为戴姆勒-奔驰汽车公司。

汽车工业是 19 世纪后期在欧洲产生的,当时西欧是世界上唯一的汽车生产地。进入 20 世纪后汽车生产传到美国,当时在底特律集中了一批工匠,形成美国制造中心。1908 年

10月1日，美国底特律开始生产一种以"福特"命名的汽车，型号为T型（图0.3）。福特汽车公司创造了用大批量生产的部件在流水线上组装汽车的先进生产模式，标志着一个新的工业时代的到来，带动了全球汽车产业的发展。很快，美国取代欧洲成为世界汽车产业中心，产品销往全世界。一直到20世纪60年代，美国生产的汽车占世界总量的70%～80%。

图0.1　卡尔·本茨的三轮汽车

图0.2　戈特利布·戴姆勒的四轮汽车

"甲壳虫"型汽车（图0.4）于1939年8月正式投产，以后取得极大的成功。它打破了福特T型汽车的产量纪录，累计生产2150万辆，创造了70年间单一车型的最佳生产纪录。

图0.3　美国1908年福特T型车

图0.4　大众1939年"甲壳虫"型汽车

20世纪50年代，欧洲经济恢复快速发展，到70年代，欧洲（指当时欧共体）汽车产量可以与美国抗衡。同时，日本汽车工业高速发展，到20世纪80年代，形成美国、西欧（主要是英、法、德、意四国）、日本三足鼎立之势，世界汽车产业由一个中心变成三个中心，各自的实力基本相当，世界其他地方的汽车产业无不与这三大中心有关。

20世纪末的汽车企业兼并重组浪潮给世界汽车产业的影响在于：在世界范围内汽车企业更集中了，形成六大汽车集团和为数不多的独立企业，全球化和自由化表现得更明显。进入21世纪，世界汽车生产的格局发生了重大变化，中国汽车生产呈迅猛发展之势，汽车产量不断上升，2009年，中国汽车产量居世界第一位。2013年，中国成为全球首个汽车销量破2000万辆大关的国家。2015年，中国汽车产销逾2450万辆，创全球历史新高。由此看来，全球汽车产销中心将逐渐向中国转移。

图0.5和图0.6所示为2015年世界主要汽车生产国家的汽车产量与销量及其变化情况。

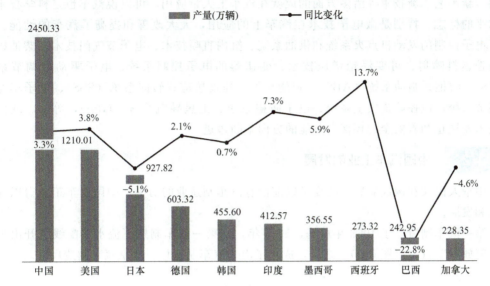

图 0.5 2015 年世界十大汽车生产国汽车产量及变化

（来源：OICA 整理：盖世汽车）

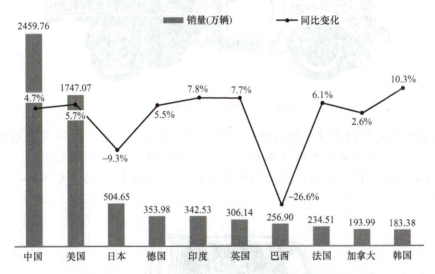

图 0.6 2015 年世界十大汽车销售国汽车销量及变化

（来源：OICA 整理：盖世汽车）

汽车是一部复杂的机器，其生产制造离不开其他行业的基础，汽车产业的发展又会拉动相关行业的发展。汽车生产的原材料包括钢铁、有色金属、工程塑料、橡胶、玻璃、纺织品、木材、涂料等众多材料；汽车制造涉及冶金、机械制造、化工、电子、电力、石油、轻工业等工业部门；汽车后市场涉及汽车的销售、金融、商业、运输、旅游、服务等第三产业。汽车产业的发展带动着整个国民经济的快速发展。汽车产业无疑成为发达国家的支柱产业。

现代汽车已发展成为高新科技产品，计算机技术、现代设计理论、现代测试手段、新材料、新工艺、新技术等诸多方面的成就在汽车上大量应用,可以说汽车也是科学技术发展水平的标志。特别是微电子技术在汽车上的应用,大大改善和提高了汽车的性能。例如,电子控制的发动机点火系统和供油系统、缸内直喷技术、电子节气门技术、柴油机共轨电控燃料喷射、可变涡轮增压技术、变速器的电子控制系统、电子驱动力调节系统(ETS)、防抱死制动系统(ABS)、智能悬架、速度感应式转向系统(SSS)、电子车厢温度调节系统、电控防撞安全系统、电子防盗系统、卫星导航系统(GPS),等等。现代汽车技术发展正朝着安全、环保、节能的方向不断迈进。

0.1.2 中国汽车工业的发展

中华人民共和国成立后,改变了以前没有汽车制造业的历史,中国汽车工业得以逐步建立和发展。

第一汽车制造厂于1953年奠基,1956年,从第一汽车制造厂流水装配线上开出第一台"解放牌"汽车(图0.7)。之后,成立了南京汽车制造厂、北京汽车制造厂等。

图 0.7　第一台"解放牌"汽车

第二汽车制造厂的建设是我国独立自主、自力更生的产物。1964年开始筹建第二汽车制造厂,选择在湖北省西北部山区(现在的十堰市)建厂,1966年开始动工,1978年开始批量投产,主要产品是中国人自己开发的载重5t的"东风牌"载货汽车(图0.8)。

图 0.8　载重5t的"东风牌"载货汽车

1984 年，第一家整车制造合资公司，由北京汽车工业公司与克莱斯勒共同投资的轿车生产企业诞生。从此，一大批合资公司在中国诞生。20 世纪 80 年代中期，中国汽车产业初步实现与世界产业的接轨。90 年代，中国社会经济制度发生了从中央统一计划经济向社会主义市场经济的重大转变，并且开始融入国际经济大循环。2001 年，我国加入世界贸易组织（WTO）的谈判取得成功。中国的汽车工业逐渐走上国际化大循环的道路。

自 1994 年《汽车工业产业政策》发布并执行以来，中国汽车工业有了长足发展，企业生产规模、汽车产销量、产品品种、技术水平、市场集中度均有显著进步。进入 21 世纪，国内外环境发生了深刻变化，中国汽车工业既有良好的发展机遇，又面临着严峻挑战，同时一些深层次的矛盾和问题也逐渐暴露出来。要促进汽车工业的健康发展，需要有一个具有创新性、前瞻性、科学性，并具有指导意义的产业政策。国家发展和改革委员会于 2004 年 6 月 1 日正式颁布实施《汽车产业发展政策》。

1992 年，我国汽车年总产量突破 100 万辆，到 2000 年，汽车年总产量达到 200 万辆，此间增长 100 万辆用了 8 年。进入 21 世纪，我国汽车年总产量迅猛增加，100 万辆的增长幅度不超过 1 年。图 0.9 所示为 2001—2013 年我国汽车产量及占世界总产量变化趋势。

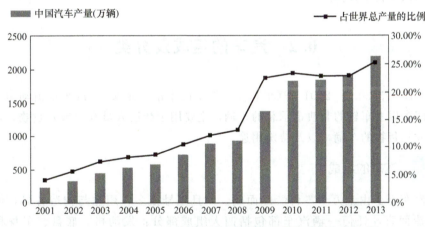

图 0.9　2001—2013 年我国汽车产量及占世界总产量变化趋势

1984—2005 年，我国汽车年总产量由 31.6 万辆提高到 570 万辆，21 年增长 17 倍；其中乘用车由 0.6 万辆提高到 393 万辆，21 年增长 654 倍。2009 年，中国汽车产销量均超过 1300 万辆，2014 年，中国汽车产销量均超过 2300 万辆，5 年间汽车产销增长 1000 万辆，中国已经成为世界汽车生产和消费第一大国。表 0-1 列出了 2011—2015 年中国汽车销量情况。图 0.10 所示为 2001—2013 年中国民用汽车保有量变化趋势。

表 0-1　2011—2015 年中国汽车销量情况

	2011 年	2012 年	2013 年	2014 年	2015 年
汽车总计/万辆	1850.51	1963.64	2198.41	2349.19	2459.76
同比增长/（%）	2.45	4.33	13.87	6.86	4.68

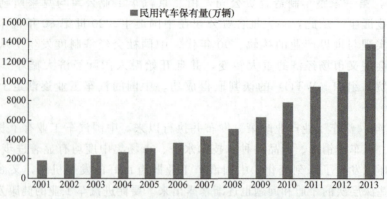

图 0.10　2001—2013 年中国民用汽车保有量变化趋势

汽车工业是我国的支柱产业之一，在国民经济中占据重要的地位。加入 WTO 以来，我国汽车工业正逐步融入世界汽车制造业体系，并进入了发展的黄金时期。快速成长的国内市场和较低的生产成本，吸引了全球汽车产业资源向中国聚集。2009 年，中国正式跃居世界第一大汽车产销国。2009—2015 年，中国已经连续七年雄踞全球汽车产销量榜首。在总体发展目标上，我国要在 20 年左右的时间里不仅成为世界上最大的汽车生产国，而且努力成为汽车技术强国之一。

0.2　汽车的组成及分类

按照 GB/T 3730.1—2001《汽车和挂车类型的术语和定义》，汽车是由动力驱动，具有四个或四个以上车轮的非轨道承载的车辆，主要用于载运人员和（或）货物，牵引载运人员和（或）货物的车辆，以及特殊用途。

0.2.1　汽车的组成

现代汽车至少由上万个零件装配而成，而且型号很多，用途与构造各异，但从汽车的整体构造而言，任何一辆汽车都包括四大组成部分：发动机、底盘、车身和电气设备。图 0.11 所示为汽车的典型总体构造。

(a) 车身　　　　　　　　　　　　　　(b) 发动机和底盘

图 0.11　汽车的总体构造

1. 发动机（engine）

发动机是汽车的动力装置，其作用是使供入其中的燃料经过燃烧而变成热能，并转化为动能，通过底盘的传动系统驱动汽车行驶。

2. 底盘（chassis）

底盘用来支承车身，接受发动机产生的动力，并保证汽车能够正常行驶。底盘本身又可分为传动系统、行驶系统、转向系统和制动系统四部分。

3. 车身（body）

车身用来乘坐驾驶员、旅客或装载货物。乘用车有一整体的车身；载货汽车车身则包括车头、驾驶室与车厢三部分。

4. 电气设备（electrical system）

电气设备包括电源、发动机起动系统及汽车照明等用电设备。在强制点火的发动机中还包括发动机的点火系统。

以上所述是当前大多数汽车的总体构造。为了适应不同使用要求及改善汽车某些方面的使用性能，汽车的总体构造和布置形式可作某些变动。汽车结构的发展过程是不断出现矛盾和解决矛盾的过程。因此，在研究汽车总体和部件的构造时，应看到它们只是解决汽车在使用、制造过程中出现的一系列矛盾的结果，其结构形式不是一成不变的。

0.2.2 汽车的分类

国家标准 GB/T 3730.1—2001《汽车和挂车类型的术语和定义》参照国际惯例，将汽车分类由原来的轿车、客车、载货汽车等类型，分为乘用车、商用车两大类，常说的轿车归属乘用车，载货汽车、客车归属商用车。乘用车（不超过9座）分为普通乘用车、活顶乘用车、高级乘用车、小型乘用车、敞篷车、仓背乘用车、旅行车、多用途乘用车、短头乘用车、越野乘用车和专用乘用车共11类；商用车分为客车、货车和半挂牵引车共3类。客车细分为小型客车、城市客车、长途客车、旅游客车、铰接客车、无轨客车、越野客车和专用客车等；货车细分为普通货车、多用途货车、全挂牵引车、越野货车、专用作业车和专用货车等。

1. 乘用车（passenger car）

乘用车（表 0-2）是指在其设计和技术特性上主要用于载运乘客及其随身行李和（或）临时物品的汽车，包括驾驶员座位在内最多不超过9个座位。它也可以牵引一辆挂车。

表 0-2 乘用车（部分）分类

分 类	定 义	图 例
普通乘用车 saloon（sedan）	封闭式车身。固定式车顶（顶盖），硬顶。4个或4个以上座位，至少两排。2个或4个侧门，可有一后开启门	

（续）

分　类	定　义	图　例
活顶乘用车 convertible saloon	具有固定侧围框架的可开启式车身。车顶为硬顶或软顶，至少有两个位置：①封闭；②开启或拆除。4个或4个以上座位，至少两排。2个或4个侧门。4个或4个以上侧窗	
高级乘用车 pullman saloon (pullman sedan)	封闭式车身。前后座之间可以设有隔板。固定式硬顶。有的顶盖一部分可以开启。4个或4个以上座位，至少两排。4个或6个侧门，也可有一个后开启门。6个或6个以上侧窗	
小型乘用车 coupe	可开启式车身。车顶可为软顶或硬顶，至少有两个位置：①遮覆车身；②车顶卷收或可拆除。2个或2个以上的座位，至少一排。2个或4个侧门。2个或2个以上侧窗	
敞篷车 convertible (open tourer) (roadster)(spider)	可开启式车身。车顶可为软顶或硬顶，至少有两个位置：①遮覆车身；②车顶卷收或可拆除。2个或2个以上的座位，至少一排。2个或4个侧门。2个或2个以上侧窗	
仓背乘用车 hatchback	封闭式车身。固定式硬顶。有的顶盖一部分可以开启。4个或4个以上座位，至少两排。2个或4个侧门，车身后部有一仓门	
旅行车 station wagon	封闭式车身。车尾外形按可提供较大的内部空间设计。固定式硬顶。有的顶盖一部分可以开启。4个或4个以上座位，至少两排。2个或4个侧门，并有一后开启门。4个或4个以上侧窗	
多用途乘用车 multipurpose passenger car	上述车辆以外的，只有单一车室载运乘客及其行李或物品的乘用车。除驾驶员以外的座位数不超过6个；只要车辆具有可使用的座椅安装点，就应算"座位"存在	
越野乘用车 off-road passenger car	在其设计上所有车轮同时驱动或其几何特性、技术特性和它的性能允许在非道路上行驶的一种乘用车	

商用车（表0-3）是指在设计和技术特性上用于运送人员和货物的汽车，并且可以牵引挂车。

表0-3 商用车（部分）分类

分 类	定 义	图 例
小型客车 minibus	用于载运乘客，除驾驶员座位外，座位数不超过16座的客车	
城市客车 city-bus	一种为城市内运输而设计和装备的客车。这种车辆设有座椅及站立乘客的位置，并有足够的空间供频繁停站时乘客上下车走动用	
长途客车 interurban coach	一种为城间运输而设计和装备的客车。这种车辆没有专供乘客站立的位置，但在其通道内可载运短途站立的乘客。6个或6个以上侧窗	
旅游客车 touring coach	一种为旅游而设计和装备的客车。这种车辆的布置要确保乘客的舒适性，不载运站立的乘客	
铰接客车 articulated bus	一种由两节刚性车厢铰接组成的客车。在这种车辆上，两节车厢是相通的，乘客可通过铰接部分在两节车厢之间自由走动	
半挂牵引车 semi-trailer towing vehicle	装备有特殊装置用于牵引半挂车的商用车辆	
普通货车 general purpose goods vehicle	一种在敞开（平板式）或封闭（厢式）载货空间内载运货物的货车	
多用途货车 multipurpose goods vehicle	在其设计和结构上主要用于载运货物，但在驾驶员座椅后带有固定或折叠式座椅，可运载3个以上的乘客的货车	

（续）

分 类	定 义	图 例
越野货车 off-road goods vehicle	在其设计上所有车轮同时驱动或其几何特性、技术特性和它的性能允许在非道路上行驶的一种车辆	
客车半挂车 bus semi-trailer	在其设计和技术特性上用于载运乘客及其随身行李的半挂车	
通用货车半挂车 general purpose goods semi-trailer	一种在敞开（平板式）或封闭（厢式）载货空间内载运货物的半挂车	

汽车的分类方法很多，按所用原动机类型可分为热力机汽车和电动机汽车两类，而热力机可分为外燃机和内燃机，电动机可再按电源类型分为蓄电池、燃料电池和太阳电池。目前，常用的汽车按燃料种类分为汽油机汽车、柴油机汽车和其他燃料（压缩天然气、液化石油气、醇类、氢气等）汽车。

1988年6月发布的国家标准GB 3730.1—1988规定了在公路城市道路和非公路上行驶的国产汽车和半挂车的分类标准。由于在实际中该标准有所运用，故简要介绍该标准。

GB 9417—1988规定汽车的产品型号反映企业名称、车辆类别、主要特征参数等内容，用字母和阿拉伯数字表示。它由首部、中部和尾部构成。

（1）首部用代表企业名称的两个或三个汉语拼音字母表示。

（2）中部用4位阿拉伯数字表示各类汽车的主要特征参数（表0-4）。

表0-4 汽车型号中部4位阿拉伯数字代号的含义

首位数字表示 汽车类型		中间2位数字表示各类汽车的主要特征参数	末位数字表示 企业自定产品序号
载货汽车	1	数字表示汽车总质量（单位为t） 当汽车总质量>100t时，允许用三位数字	以0，1，2，…依次排列
越野汽车	2		
自卸汽车	3		
牵引汽车	4		
专用汽车	5		
客车	6	数字×0.1m 表示汽车总长度①	
轿车	7	数字×0.1L 表示发动机的工作容积	
（暂缺）	8		
半挂车及 专用半挂车	9	数字表示汽车的总质量（单位为t） 当汽车总质量>100t时，允许用三位数字	

① 汽车长度大于10m，数字×1m。

(3) 尾部用汉语拼音字母或阿拉伯数字表示专用汽车的分类或企业自定代号。其基本型一般无尾部。例如，东风汽车有限公司生产的东风日产第三代乘用车，发动机排量为 1.6L，其型号为 DFL7162，含义依次为：DFL，表示东风汽车有限公司，7 表示乘用车，16 表示发动机排量为 1.6L；2 表示产品序号。

0.2.3　汽车代号

车辆识别代号（Vehicle Identification Number，VIN）是由原机械工业部 1996 年 12 月 25 日发布，从 1997 年 1 月 1 日起实施的。车辆识别代号中含有车辆的制造厂家、生产年代、车型、车身形式、发动机及其他装备的信息。它是由 17 位字母、数字组成的编码，经过排列组合，可以使车辆生产在 30 年之内不会发生重号现象，具有对车辆的唯一识别性，故称其为"汽车身份证"。车辆识别代号是汽车管理、汽车营销、汽车维修和配件采购的重要依据。

车辆识别代号由三部分组成：第一部分，世界制造厂识别代号（WMI）；第二部分，车辆说明部分（VDS）；第三部分，车辆指示部分（VIS）。其具体内容参见 GB 16735—2004《道路车辆　车辆识别代号（VIN）》。

第一部分——世界制造厂识别代号，由三位字码组成。第一位字码是标明一个地理区域的字母或数字；第二位字码是标明一个特定地区内的一个国家的字母或数字（表 0-5）；第一位和第二位字码的组合将能保证国家识别标志的唯一性；第三位字码是标明某个特定的制造厂的字母或数字。第一、二、三位字码的组合能保证制造厂识别标志的唯一性。对于年产量小于 500 辆的制造厂，第三位字码为数字 9。

表 0-5　国家或地区的字码

代　码	国家或地区	代　码	国家或地区	代　码	国家或地区
1	美国	W	德国	V	法国
2	加拿大	T	瑞士	R	中国台湾
3	墨西哥	J	日本	Y	瑞典
4	美国	S	英国	Z	意大利
6	澳大利亚	K	韩国		
9	巴西	L	中国		

第二部分——车辆说明部分，由六位字码组成，如果制造厂不用其中的一位或几位字码，应在该位置填入制造厂选定的字母或数字占位。此部分的前五位字码应对车型特征进行描述，其代码及顺序由制造厂决定，最后一位字码为检验码。

第三部分——车辆指示部分，由八位字码组成，其最后三位字码应是数字。此部分的第一位字码指示年份，年份代码按表 0-6 规定使用。第二位字码代表装配厂。如果制造厂生产的某种类型的车辆年产量大于或等于 500 辆，此部分的第三至第八位字码表示生产顺序号；如果制造厂的年产量小于 500 辆，则此部分的第三、四、五位字码应与第一部分的三位字码一同表示一个车辆制造厂，第六、七、八位用来表示生产顺序号。

表 0-6 标示年份的字码

年份	代码	年份	代码	年份	代码	年份	代码
2001	1	2011	B	2021	M	2031	1
2002	2	2012	C	2022	N	2032	2
2003	3	2013	D	2023	P	2033	3
2004	4	2014	E	2024	R	2034	4
2005	5	2015	F	2025	S	2035	5
2006	6	2016	G	2026	T	2066	6
2007	7	2017	H	2027	V	2037	7
2008	8	2018	J	2028	W	2038	8
2009	9	2019	K	2029	X	2039	9
2010	A	2020	L	2030	Y	2040	A

车辆识别代号中仅能采用下列阿拉伯数字和大写英文字母（字母 I、O 和 Q 不能使用）：

1 2 3 4 5 6 7 8 9 0

A B C D E F G H J K L M N P R S T U V W X Y Z

我国乘用车的车辆识别代号大多可以在仪表板左侧、风窗玻璃下面找到。

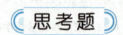

1. 汽车产业为何能成为发达国家国民经济的支柱产业？
2. 你认为汽车对人类产生了哪些影响？
3. 我国汽车产业是如何发展变化的？
4. 谈谈你对我国汽车产业发展的看法？
5. 汽车由哪几部分组成？各部分的功用如何？
6. 汽车按用途分成哪些类型？
7. 汽车编号规则包含哪些内容？
8. 车辆识别代号有何意义？

第 1 章
汽车发动机的基本知识

教学提示

发动机是将某一种能量转换为机械能的机器，是汽车的动力之源，被称为汽车的心脏。本章重点介绍发动机的分类、术语、工作原理、总体构造。

教学目标

要求学生掌握发动机的分类和基本术语；重点掌握四冲程发动机的工作原理；熟悉发动机的总体构造和国产发动机编号规则。

1.1 概 述

发动机（engine）是将某一种形式的能量转换为机械能的机器。发动机为汽车提供动力。发动机还广泛应用于交通运输机械、农业机械、工程机械和发电机组等各个方面。

1.1.1 发动机的分类

发动机是汽车的动力源。汽车发动机大多是热能动力装置，简称热力机。热力机借助工质的状态变化将燃料燃烧产生的热能转变为机械能。

热力机分内燃机和外燃机两种。直接以燃料燃烧所生成的燃烧产物为工质的热力机为内燃机，反之则为外燃机。内燃机包括活塞式内燃机和燃气轮机。外燃机则包括蒸汽机、汽轮机和热气机（也称斯特灵发动机）等。内燃机与外燃机相比，具有结构紧凑、体积小、质量轻和容易起动等优点。因此，内燃机尤其是活塞式内燃机被广泛地用作汽车的动力装置。本书后面涉及的发动机内容，主要指活塞式内燃机。

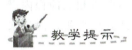

【发动机分类—转子发动机】

活塞式内燃机按不同的特征可进行如下分类。

（1）按活塞运动方式的不同，分为往复活塞式和旋转活塞式内燃机两种。前者活塞在气缸内做往复直线运动，后者活塞在气缸内做旋转运动。旋转活塞式发动机（也称转子发动机），主要在日本马自达乘用车上应用。由于往复活塞式发动机应用广泛，本书内容以往复活塞式发动机为主。

（2）根据所用燃料种类的不同，分为汽油机、柴油机和气体燃料发动机三类。以汽油或柴油为燃料的活塞式内燃机分别称为汽油机或柴油机。使用天然气、液化石油气和其他气体燃料的活塞式内燃机称为气体燃料发动机。汽油和柴油都是石油制品，是汽车发动机的传统燃料。非石油燃料称为代用燃料。燃用代用燃料的发动机称为代用燃料发动机，如乙醇发动机、氢气发动机、甲醇发动机等。

（3）按冷却方式的不同，分为水冷式和风冷式内燃机两种。以水或冷却液为冷却介质的称为水冷式内燃机，而以空气为冷却介质的则称为风冷式内燃机。

（4）按在一个工作循环期间活塞往复运动的行程数，分为四冲程内燃机和二冲程内燃机。在一个工作循环中活塞往复四个行程的内燃机称为四冲程往复活塞式内燃机，而活塞往复两个行程完成一个工作循环的则称为二冲程往复活塞式内燃机。

（5）按进气状态不同，分为增压内燃机和非增压内燃机两类。若进气是在接近大气状态下进行的，称为非增压内燃机或自然吸气式内燃机；若利用增压器增高进气压力，进气密度增大，则称为增压内燃机。

（6）根据气缸布置形式的不同，分为 L 型（直列式）内燃机、V 型内燃机、斜置式内燃机和对置式内燃机等。

1.1.2　发动机的基本结构与术语

1. 发动机的基本结构

图 1.1 所示为单缸发动机的基本结构，它由气缸 10、活塞 8、连杆 7、曲轴 3、气缸盖 11、机体、凸轮轴 16、进气门 25、排气门 15、气门弹簧、曲轴同步带轮 4 等组成。

往复活塞式内燃机的工作腔称作气缸，气缸内表面为圆柱形。在气缸内做往复运动的活塞通过活塞销与连杆的一端铰接，连杆的另一端则与曲轴相连，构成曲柄连杆机构。活塞在气缸内做往复运动时，连杆推动曲轴旋转，或者相反。同时，气缸的容积在不断地由小变大，再由大变小，如此循环不已。气缸的顶端用气缸盖封闭。气缸盖上装有进气门和排气门。通过进、排气门的开闭实现向气缸内充气和向气缸外排气。进、排气门的开闭由凸轮轴驱动。凸轮轴由曲轴通过同步带或齿轮驱动。构成气缸的零件称作气缸体，曲轴在曲轴箱内转动。

2. 发动机的基本术语

以图 1.2 为例说明发动机的一些基本术语。

（1）工作循环（cycle）。工作循环是由进气（intake）、压缩（compression）、做功（power）和排气（exhaust）四个工作过程组成的封闭过程。

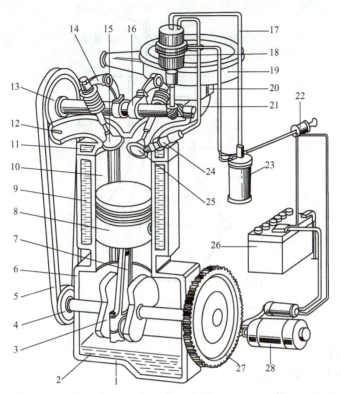

图 1.1 单缸发动机的基本结构

1—油底壳；2—机油；3—曲轴；4—曲轴同步带轮；5—同步带；6—曲轴箱；7—连杆；8—活塞；
9—水套；10—气缸；11—气缸盖；12—排气管；13—凸轮轴同步带轮；14—摇臂；15—排气门；
16—凸轮轴；17—高压线；18—分电器；19—空气滤清器；20—化油器；21—进气管；
22—点火开关；23—点火线圈；24—火花塞；25—进气门；
26—蓄电池；27—飞轮；28—起动机

【单缸四冲程发动机】

(2) 上、下止点。活塞顶离曲轴回转中心最远处为上止点（Top Dead Center, TDC）；活塞顶离曲轴回转中心最近处为下止点（Bottom Dead Center, BDC）。活塞从一个止点运动至另一个止点的过程称为冲程（stroke）。

(3) 活塞行程（piston stroke）。上、下止点间的距离 S 称为活塞行程。曲轴的回转半径 R 称为曲柄半径。显然，曲轴每回转一周，活塞移动两个活塞行程。对于气缸中心线通过曲轴回转中心的内燃机，有 $S=2R$。

(4) 气缸工作容积。上、下止点间所包容的气缸容积称为气缸工作容积（swept volume），记作 V_S，单位为 L。

$$V_S = \frac{\pi D^2}{4 \times 10^6} \cdot S$$

式中：D——气缸直径（Bore）（mm）；
　　　S——活塞行程（mm）。

(5) 发动机排量。发动机所有气缸工作容积的总和称为发动机排量（engine displacement），记作 V_L，单位为 L。

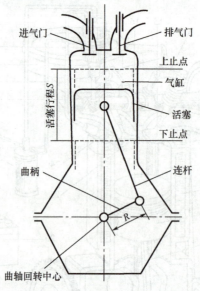

图1.2 往复活塞式内燃机示意图

【往复活塞式内燃机示意图】

$$V_L = i \cdot V_S$$

式中：i——气缸数；

V_S——气缸工作容积（L）。

(6) 燃烧室容积。活塞位于上止点时，活塞顶面以上气缸盖底面以下所形成的空间称为燃烧室，其容积称为燃烧室容积（clearance volume），也称为压缩容积，记作 V_C，单位为 L。

(7) 气缸总容积。气缸工作容积与燃烧室容积之和称为气缸总容积，记作 V_a，单位为 L。

$$V_a = V_S + V_C$$

(8) 压缩比。气缸总容积与燃烧室容积之比称为压缩比（compression ratio），记作 ε。

$$\varepsilon = \frac{V_a}{V_C} = 1 + \frac{V_S}{V_C}$$

压缩比的大小表示活塞由下止点运动到上止点时，气缸内的气体被压缩的程度。压缩比越大，压缩终了时气缸内的气体压力和温度就越高。一般车用汽油机的压缩比为 8~11；柴油机的压缩比为 16~22。

1.2 四冲程发动机的工作原理

往复活塞式内燃机所用的燃料主要是汽油（gasoline）或柴油（diesel）。由于汽油和柴油具有不同的性质，因而在发动机的工作原理和结构上也有所差异。

1.2.1 四冲程汽油机的工作原理

汽油机是将空气与汽油以一定的比例混合成良好的混合气，在进气行程被吸入气缸，混合气经压缩点火燃烧而产生热能,高温高压的气体作用于活塞顶部,推动活塞做往复直线运动,通过连杆、曲轴飞轮机构对外输出机械能。四冲程汽油机在进气行程、压缩行程、做功行程和排气行程内完成一个工作循环。

以气缸容积 V 为横坐标、气缸内气体压力 p 为纵坐标构成示功图(图 1.3),表示活塞在不同位置时各个行程中 p 与 V 的变化关系。下面结合示功图来说明汽油机的工作过程。

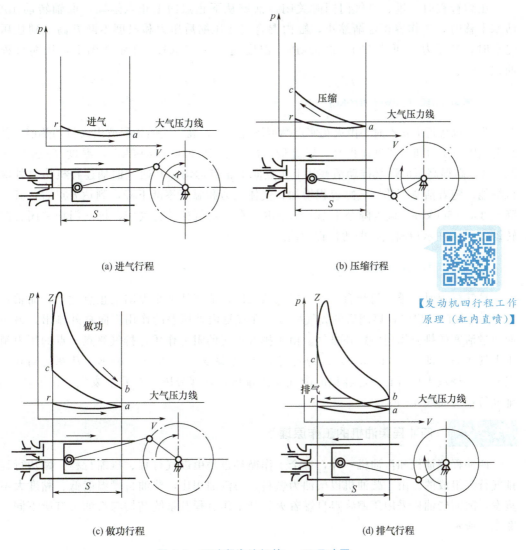

(a) 进气行程　　　　　　　　(b) 压缩行程

(c) 做功行程　　　　　　　　(d) 排气行程

图 1.3　四冲程汽油机的 p-V 示功图

【发动机四行程工作原理(缸内直喷)】

1. 进气行程(intake stroke)

活塞在曲轴的带动下由上止点移至下止点。此时进气门开启,排气门关闭,曲轴转动 180°。在活塞移动过程中,气缸容积逐渐增大,气缸内气体压力从 p_r 逐渐降低到 p_a,气缸内形成一定的真空度,空气和汽油的混合气通过进气门被吸入气缸,并在气缸内进一步混合形成可燃混合气。由于进气系统存在阻力，进气终点［图1.3(a)中 a 点］气缸内气体压力小于大气压力 p_0，即 $p_a = (0.80\sim0.90)p_0$。进入气缸内的可燃混合气的温度，由于进气管、气缸壁、活塞顶、气门和燃烧室壁等高温零件的加热及与残余废气的混合而升高到340～400K。在示功图上，进气行程为曲线 r—a。

2. 压缩行程（compression stroke）

压缩行程时，进、排气门同时关闭。活塞从下止点向上止点运动，曲轴转动180°。活塞上移时，工作容积逐渐缩小，缸内混合气受压缩后压力和温度不断升高，到达压缩终点时，其压力 p_c 可达800～2000kPa，温度达600～750K。在示功图上，压缩行程为曲线 a—c。

3. 做功行程（power stroke）

当活塞接近上止点时，由火花塞点燃可燃混合气，混合气燃烧释放出大量的热能，使气缸内气体的压力和温度迅速提高。燃烧最高压力 p_z 达3000～6000kPa，温度 T_z 达2200～2800K。高温高压的燃气推动活塞从上止点向下止点运动，并通过曲柄连杆机构对外输出机械能。随着活塞下移，气缸容积增加，气体压力和温度逐渐下降，到达 b 点时，其压力降至300～500kPa，温度降至1200～1500K。在做功行程，进气门、排气门均关闭，曲轴转动180°。在示功图上，做功行程为曲线 c-Z-b。

4. 排气行程（exhaust stroke）

排气行程时，排气门开启，进气门仍然关闭，活塞从下止点向上止点运动，曲轴转动180°。排气门开启时，燃烧后的废气一方面在气缸内外压差的作用下向缸外排出，另一方面通过活塞的排挤作用向缸外排气。由于排气系统的阻力作用，排气终点 r 点的压力稍高于大气压力，即 $p_r = (1.05\sim1.20)p_0$。排气终点温度 $T_r = 900\sim1100$K。活塞运动到上止点时，燃烧室中仍留有一定容积的废气无法排出，这部分废气叫残余废气。在示功图上，排气行程为曲线 b-r。

1.2.2　四冲程柴油机的工作原理

四冲程柴油机和汽油机一样，每个工作循环也是由进气行程、压缩行程、做功行程和排气行程组成的。由于柴油机以柴油为燃料，与汽油相比，柴油自燃温度低、黏度大不易蒸发，因而柴油机采用压缩终点自燃着火，其工作过程及系统结构与汽油机有所不同，如图1.4所示。

1. 进气行程

进入气缸的工质是纯空气。由于柴油机进气系统阻力较小，进气终点压力 $p_a = (0.85\sim0.95)p_0$，比汽油机高。进气终点温度 $T_a = 300\sim340$K，比汽油机低。

2. 压缩行程

由于压缩的工质是纯空气，因此柴油机的压缩比比汽油机高（一般为 $\varepsilon = 16\sim22$）。压缩终点的压力为 3000~5000kPa，压缩终点的温度为 750~1000K，大大超过柴油的自燃温度（约 520K）。

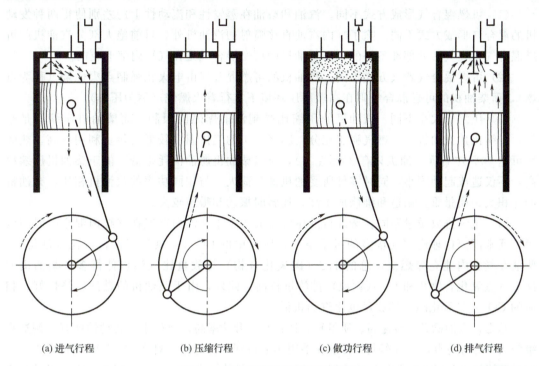

(a) 进气行程　　(b) 压缩行程　　(c) 做功行程　　(d) 排气行程

图 1.4　四冲程柴油机的工作原理图

【四冲程柴油机的工作原理】

3. 做功行程

当压缩行程接近终了时，在高压油泵的作用下，将柴油以 10MPa 左右的高压通过喷油器喷入气缸燃烧室中，在很短的时间内与空气混合后立即自行发火燃烧。气缸内气体的压力急速上升，最高达 5000~9000kPa，最高温度达 1800~2000K。由于柴油机是靠压缩自行着火燃烧，故称柴油机为压燃式发动机。

4. 排气行程

柴油机的排气与汽油机基本相同，只是排气温度比汽油机低。一般 $T_r = 700~900K$。

对于单缸发动机来说，其转速不均匀，发动机工作不平稳，振动大。这是因为四个行程中只有一个行程是做功的，其他三个行程是消耗动力为做功做准备的行程。为了解决这个问题，飞轮必须具有足够大的转动惯量，这样又会导致整个发动机质量和尺寸增加。采用多缸发动机可以弥补上述不足。现代汽车多采用四缸、六缸和八缸发动机。

对于多缸四冲程发动机的每一个气缸，所有的工作过程完全相同，并按上述同样的次序进行，但所有气缸的做功行程并不同时发生。例如，在四缸发动机内，曲轴每转动半周便有一个气缸在做功；在八缸发动机内，曲轴每转动四分之一周便有一个气缸在做功。多缸机做功行程的间隔为 $720°/i$（i 为气缸数），气缸数越多，发动机的工作越平稳，但发动机缸数增加会使发动机结构复杂，尺寸及质量增加。

1.2.3 汽油机和柴油机的比较

（1）可燃混合气形成方式不同。汽油和柴油在蒸发性和流动性上的差别使得两种发动机的混合气形成方式不同。除了缸内汽油直接喷射的汽油机外，目前绝大部分汽油机的可燃混合气是在气缸外部准备好的；而柴油机的可燃混合气是在气缸内部形成的。

（2）可燃混合气着火方式不同。汽油机的可燃混合气由电火花强制点火燃烧（称为点燃），而柴油机的可燃混合气则在高温高压环境下自行着火燃烧（称为压燃）。

（3）压缩比大小不同。汽油机的压缩比受到汽油爆燃的限制，而柴油机压缩的是空气，压缩比比汽油机高，燃气膨胀充分，膨胀终了的气体温度较低，热量利用率高，热效率可达40%左右（汽油机只有30%左右），所以柴油机燃油消耗率低。由于柴油机压缩比高，不仅造成起动困难，同时零件所受的机械负荷大。与相同功率的汽油机相比，柴油机的体积大，质量重，制造和维修成本高，运转时振动和噪声较大。

（4）尾气排放质量不同。柴油机的尾气排放，由于柴油和空气在气缸内混合的时间极短，通常需要比理论空气量多的过量空气，废气中的CO（一氧化碳）含量比汽油机低；柴油在气缸内能充分燃烧，总的HC（碳氢化合物）排放量比汽油机低得多。柴油机的NO_x（氮氧化物）和PM（颗粒）排放量较高。此外，由于柴油机的燃油经济性好，相应的CO_2（二氧化碳）排放量也比汽油机低。

总之，汽油机具有转速高、质量轻、体积小、升功率高、噪声小、起动性能好、制造和维修成本低等特点，在汽车上、特别在乘用车上得到广泛应用。自20世纪70年代以来，人们对环境污染和能源问题的日益重视，低油耗、低排放（主要指CO、HC和CO_2）的柴油机在各种货车和中型以上客车上得到越来越多的应用，并且在乘用车上也有广泛应用。

1.3 发动机的总体构造与产品型号编制规则

1.3.1 发动机的总体构造

发动机是一部由许多机构和系统组成的复杂机器。尽管发动机的类型各不相同，但其基本构造相似。通常，汽油机由一个机体、两个机构、五大系统组成；柴油机由一个机体、两个机构、四大系统组成（无点火系统）。

下面以图1.5为例，介绍四冲程汽油机的一般构造。

1. 机体组（engine body）

发动机的机体组包括气缸盖10、气缸盖罩盖、气缸垫、气缸体9及油底壳8等。在进行结构分析时，常把机体组列为曲柄连杆机构。发动机机体组是发动机的装配基础。

2. 曲柄连杆机构（crankshaft and connecting rod system）

曲柄连杆机构包括活塞12，连杆总成，曲轴1和飞轮6等。这是发动机借以产生动力，并将活塞的往复直线运动转变为曲轴的旋转运动而输出动力的机构。

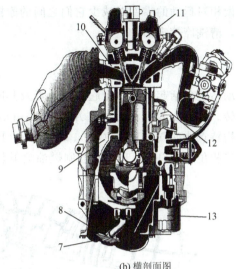

(a) 纵剖面图　　　　　　　　　(b) 横剖面图

图 1.5　乘用车发动机

1—曲轴；2—连杆；3—气门；4—凸轮轴；5—火花塞；6—飞轮；7—机油集滤器
8—油底壳；9—气缸体；10—气缸盖；11—凸轮；12—活塞；13—机油滤清器

3. 配气机构（valve system）

配气机构包括进气门、排气门、液力挺杆总成、凸轮轴 4、凸轮轴定时齿轮、曲轴定时齿轮、定时传动带。其作用是将可燃混合气更多地充入气缸并及时从气缸排出废气。

4. 燃料供给系统（fuel system）

燃料供给系统包括汽油箱、汽油泵、汽油滤清器、油管、空气滤清器、喷油器（或化油器）、进气支管、排气支管、排气消声器等。其作用是根据发动机各种工况要求，配制具有一定数量和浓度的可燃混合气供入气缸，并将燃烧生成的废气排出发动机。

5. 点火系统（ignition system）

点火系统包括电源（蓄电池和发电机）、分电器、点火开关、点火线圈、火花塞 5 等。其作用是保证按规定时刻及时点燃气缸中被压缩的可燃混合气。

6. 冷却系统（cooling system）

冷却系统主要包括水泵、散热器、风扇、节温器、冷却液温度表及气缸体 9 和气缸盖 10 里铸出的水套等。其功用是散发受热机件的热量于大气之中，以保证发动机在最适宜的温度下工作。

7. 润滑系统（lubrication system）

润滑系统包括油底壳 8、机油集滤器 7、机油滤清器 13、机油泵、限压阀、润滑油道及油管、油温和油压传感器、油温和油压表、油标尺等。润滑系统的功用是将润滑油不断地供给做相对运动的零件以减少它们之间的摩擦阻力，减轻机件的磨损，并部分地冷却摩擦零件，清洗摩擦表面。

8. 起动系统（starting system）

起动系统包括起动机、冷起动加热器及其附属装置，用以使静止的发动机起动并转入自行运转。如图 1.6 所示为本田 Accord 乘用车 F20B 型 DOHC（VTEC）汽油发动机。其主要结构特点为四气缸直列（L4）、16 气门（16V）、水冷却、双列凸轮轴顶置（DOHC）、可变配气相位（VTEC）和电子控制燃油喷射装置（EFI）。

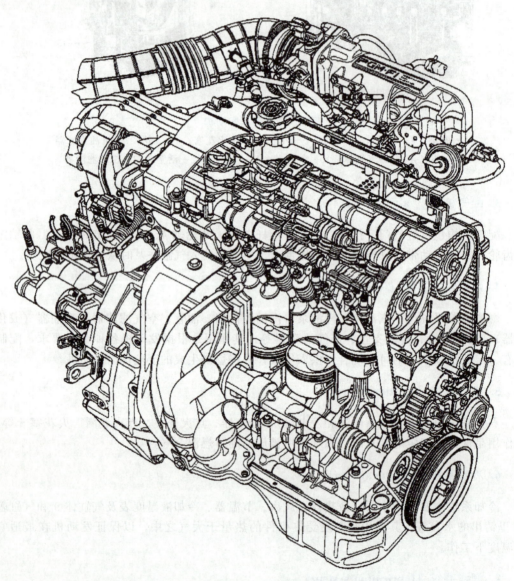

图 1.6　本田 Accord 乘用车 F20B 型 DOHC（VTEC）汽油发动机

1.3.2 内燃机产品名称及型号编制规则

1. GB/T 725—2008 主要内容简介

为了便于内燃机的生产管理和使用，我国于2008年对内燃机产品的名称和型号编制方法重新审定颁布了国家标准（GB/T 725—2008）。该标准的主要内容如下：

内燃机产品名称均按所采用的燃料命名。例如，柴油机、汽油机、煤气机、沼气机、双（多种）燃料发动机等。

内燃机型号由阿拉伯数字、汉语拼音字母或国际通用的英文缩略字母（以下简称字母）组成，包含下列四部分内容：

（1）第一部分：由制造商代号或系列符号组成。本部分代号由制造商根据需要选择相应1~3位字母组成。

（2）第二部分：由气缸数、气缸布置形式符号、冲程形式符号、缸径符号组成。气缸数用1~2位数字表示。缸径符号一般用缸径/行程数字表示，也可用发动机排量或功率表示。

（3）第三部分：由结构特征符号、用途符号组成。

（4）第四部分：区分符号。同系列产品需要区分时，由制造商选用适当符号表示。第三部分与第四部分用"—"分隔。

内燃机组成的意义规定如图1.7所示。

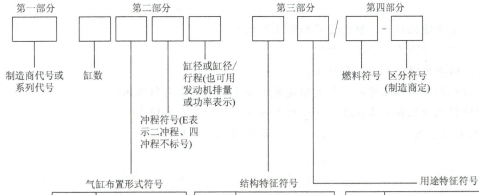

图1.7 内燃机组成的意义

2. 型号编制示例

汽油机：

1E65F/P——单缸、二冲程、缸径65mm、风冷、通用型汽油机。

492Q/P-A——四缸、直列、四冲程、缸径92mm、冷却液冷却、汽车用汽油机（A为区分符号）。

柴油机：

6135Q——六缸、直列、四冲程、缸径135mm、冷却液冷却、汽车用柴油机。

10V120FQ——十缸、V形、四冲程、缸径120mm、风冷、汽车用柴油机。

12VE230ZCz——十二缸、V形、二冲程，缸径230mm、冷却液冷却、增压、船用主机、左机基本型。

YZ6102Q——六缸、直列、四冲程、缸径102mm、冷却液冷却、车用柴油机（YZ为扬州柴油机厂代号）。

双燃料发动机：

12V26/32ZL/SCZ——十二缸、V形、缸径260mm、行程320mm、冷却液冷却、增压中冷、燃料为柴油/沼气双燃料发动机。

思考题

1. 什么是发动机排量、燃烧室容积和压缩比？
2. 简述四冲程汽油机的工作原理。
3. 简述四冲程柴油机的工作原理。
4. 汽油机和柴油机在可燃混合气形成方式和点火方式上有何不同？
5. 四冲程汽油机和柴油机在总体结构上有哪些相同点和不同点？
6. BJ492Q型发动机排量为2.445L，求该发动机的曲柄半径？

第 2 章 曲柄连杆机构

教学提示

曲柄连杆机构的功用是将燃料燃烧时产生的热能转变为机械能，通过连杆将活塞的往复运动变为曲轴的旋转运动而对外输出动力。曲柄连杆机构由机体组、活塞连杆组和曲轴飞轮组三部分组成。本章主要介绍曲柄连杆机构的结构组成和工作原理。

教学目标

要求学生熟悉曲柄连杆机构各组成部分的功用与组成，理解并掌握气缸体、气缸盖、活塞、连杆、曲轴等重要部件的结构和工作原理。

2.1 概　　述

曲柄连杆机构是发动机的主要工作机构之一。它的功用主要表现在两个方面：一是形成发动机的基体，把组成发动机的各机构和系统联系成一个整体；二是将燃气作用在活塞顶上的力转变成曲轴的驱动转矩，对发动机内、外提供动力。曲柄连杆机构由机体组、活塞连杆组和曲轴飞轮组三部分组成。

燃料在发动机燃烧室和气缸内燃烧，产生高温（最高温度高于 2500K）、高压（最高压力高达 5～9MPa），燃气推动活塞高速运动（发动机转速在 3000r/min 时，活塞线速度可达 8m/s）。由此可见，曲柄连杆机构的工作条件是很苛刻的，与燃气接触的零件需要耐高温、承受高压，做高速运动的零件还需要耐磨。此外，有的零部件还将受到化学腐蚀。

2.2 机体组

如图 2.1 所示，机体组主要由气缸体 3、气缸盖 2、油底壳 5、气缸套和气缸垫等组成。

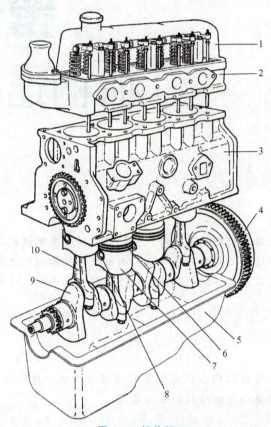

【四冲程发动机工作】

图 2.1 机体组

1—气缸盖罩；2—气缸盖；3—气缸体；4—飞轮；5—油底壳；6—活塞环；
7—活塞；8—活塞销；9—曲轴；10—连杆

2.2.1 气缸体

气缸体（cylinder block）构成机体组的骨架，将气缸盖、油底壳等联系起来，形成发动机的装配基体。

汽车发动机一般为多缸发动机。气缸的排列常采用单列式（直列式）和双列式两种形式。气缸的排列方式不同，与发动机在汽车上的总布置有关系。

直列式发动机的各个气缸排成一列，一般是垂直布置的，如图 2.2(a) 所示。双列式发动机左右两列气缸中心线的夹角小于 180°的，称为 V 型发动机 [图 2.2(b)]；两列气缸中心线的夹角等于 180°的，则称为对置式发动机 [图 2.2(c)]。

直列式多缸发动机气缸体因结构简单，加工容易，使用广泛，但长度和高度较大。一般六缸以下的发动机多采用单列式。V 型发动机气缸体的长度和高度相对单列式缩短，其

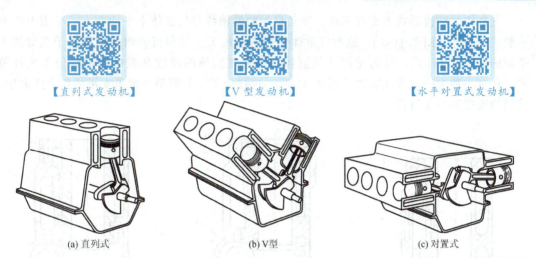

(a) 直列式　　(b) V型　　(c) 对置式

图 2.2　多缸发动机排列形式

刚度增加，质量减轻，但 V 型发动机宽度加大了，而且形状复杂，加工困难，主要用于气缸数多的大功率发动机。对置式发动机高度相对最低，但宽度最宽，有利于某些汽车（主要是大型客车和乘用车）的总布置。

如图 2.3 所示是直列式多缸发动机气缸体，汽车发动机一般将气缸体和曲轴箱制成一体，可统称为气缸体。上平面 4 与气缸垫、气缸盖装配在一起；下部制成曲轴箱的一部分（上曲轴箱 6），其上有支承曲轴主轴颈的主轴承座 5，下平面与油底壳装配在一起；缸体内制成供活塞运动的圆柱体形空腔，称为气缸 3；还有环绕气缸供冷却液流动的水套，以及润滑油道、冷却液通道等。

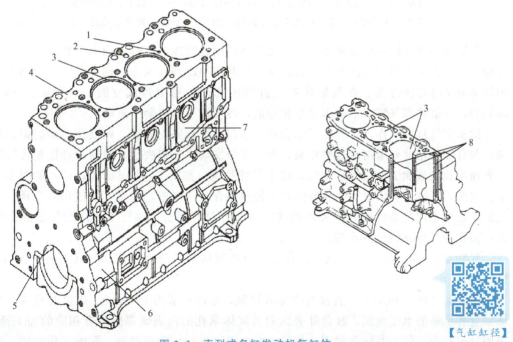

图 2.3　直列式多缸发动机气缸体

1—冷却液孔；2—润滑油孔；3—气缸；4—上平面；5—主轴承座；6—上曲轴箱；7—气缸体；8—水套

气缸体的结构形式主要有三种。发动机的曲轴轴线与气缸体下平面在同一平面上的为一般式气缸体 [图 2.4(a)]，这种气缸体便于机械加工。发动机的曲轴轴线高于气缸体下平面的 [图 2.4(b)]，称为龙门式气缸体，这种气缸体的刚度和强度较好，但工艺性较差。还有一种为隧道式气缸体 [图 2.4(c)]，这样便于安装滚动主轴承支承的组合式曲轴，其结构刚度高于龙门式。

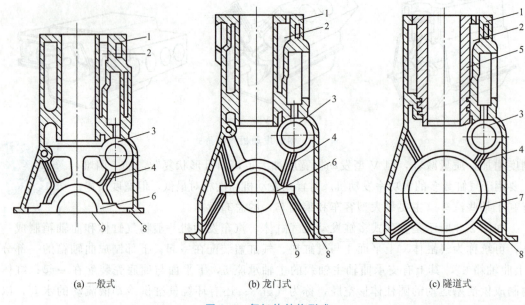

(a) 一般式　　　　　　(b) 龙门式　　　　　　(c) 隧道式

图 2.4　气缸体结构形式

1—气缸体；2—水套；3—凸轮轴孔座；4—加强肋；5—湿缸套；6—主轴承座；
7—主轴承座孔；8—安装油底壳的加工面；9—安装主轴承盖的加工面

气缸是与燃气接触的主要部位，加之活塞的高速摩擦，气缸表面温度很高，必须加以冷却。冷却方式采用冷却液冷却（也称水冷）和空气冷却（风冷）两种。汽车发动机上采用较多的是冷却液冷却。在气缸体的气缸周围和气缸盖中铸成空腔，称为水套（water jacket），气缸体和气缸盖上的水套是相通的，冷却液可从水套中流动。

活塞在气缸中工作，对气缸工作表面要求很高，需要耐高温、耐高压、耐磨损、耐腐蚀，并且加工精度要求高。近些年来，在大部分发动机上解决这个问题的办法是将气缸工作表面单独制成加工件镶入缸体内，这个零件称为气缸套（cylinder sleeve），如图 2.5 所示。由此，气缸套可用耐磨性较好的合金铸铁或合金钢制造，保证气缸使用寿命延长，而气缸体则可采用价格较低的普通铸铁或铝合金等材料制造。这样不仅改善气缸的工作性能，而且带来很好的经济效益。

气缸套（cylinder liner）视是否直接与冷却液接触，分为干式和湿式两种，如图 2.6 所示。

干缸套 [图 2.6(a)] 不直接与冷却液接触，壁厚一般为 1~3mm。因缸套壁薄，为保证缸套有足够的承压面积，缸套外表面和气缸体承孔的内表面都应具有相应的加工精度，采用过盈配合，使二者贴合紧密。如果缸套内壁（气缸）磨损严重，影响工作性能，可以拆下更换。

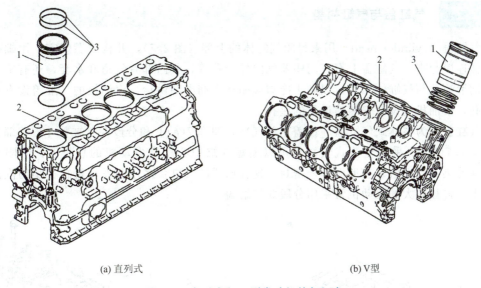

(a) 直列式　　　　　　　　　　(b) V型

图 2.5　直列式和 V 型发动机的气缸套
1—气缸套；2—气缸体；3—O 形橡胶密封圈

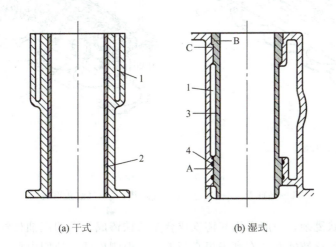

(a) 干式　　　　　　　　　　(b) 湿式

图 2.6　气缸套
1—冷却水套；2—可卸式干缸套；3—湿缸套；4—橡胶密封圈
A、B—凸环带；C—凸缘

　　湿式缸套［图 2.7(b)］与冷却液直接接触，壁厚一般为 5~9mm。为保证径向定位，缸套的外表面有两个凸环带 B 和 A，分别称为上支承定位带和下支承密封带。为保证轴向定位，缸套的上端有凸缘 C。防止冷却液泄漏是湿式缸套结构设计的重要方面。为此，有的缸套凸缘 C 下面装有纯铜垫片。缸套的上支承定位带与缸套座孔配合紧密；下支承密封带与座孔配合较松，装有 1~3 道橡胶密封圈来封冷却液［图 2.5、图 2.6(b)］。采用湿缸套的气缸体铸造方便，缸套拆卸更换容易，冷却效果较好；但气缸体的刚度差，易漏气、漏冷却液。湿缸套广泛应用于汽车柴油机。

2.2.2 气缸盖与气缸衬垫

气缸盖（cylinder head）用来封闭气缸体的上部（图2.7），并构成燃烧室，用螺栓与气缸体连接起来。气缸盖上有气门座及气门导管孔等，其内部有气道和水套，还有冷却液孔和润滑油孔与气缸体相通，以利于冷却液循环和润滑油供给。汽油机的气缸盖设有火花塞座孔，柴油机则设有安装喷油器的座孔。

气缸盖分为整体式气缸盖［覆盖全部气缸，图2.7(a)］和分段式气缸盖［覆盖部分气缸，图2.7(b)］。采用整体式气缸盖可以缩短气缸中心距和发动机的总长度，但刚性较差，在受热和受力后易变形而影响密封。这种形式的气缸盖多用于发动机缸径小的汽油发动机上。缸径较大的发动机常采用分段式气缸盖。

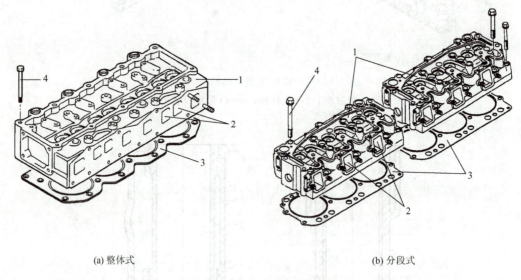

(a) 整体式　　　　　　　　　　　(b) 分段式

图2.7　发动机气缸盖
1—气缸盖；2—气道；3—气缸垫；4—气缸盖螺栓

气缸盖的形状复杂，一般采用灰铸铁或合金铸铁铸成。有的汽油机气缸盖用铝合金铸造，因铝的导热性比铸铁好，有利于提高压缩比，但刚度低，使用中易变形。

汽油机的燃烧室（combustion chamber）是由气缸盖上相应的凹部空间与活塞顶部形成的。燃烧室是汽油机的重要部位，直接影响发动机的性能。为有利于混合气燃烧，要求燃烧室的结构尽可能紧凑，表面积要小，以减少热量损失及缩短火焰行程；在压缩行程终了时具有一定的涡流运动，以提高混合气燃烧速度。

常用的汽油机燃烧室形状有盆形、楔形和半球形，如图2.8所示。

盆形燃烧室［图2.8(a)］，结构较简单、但不够紧凑，表面积大。楔形燃烧室［图2.8(b)］，结构较简单、紧凑，在压缩终了时能形成挤气涡流，但存在较大的激冷面积，对HC排放不利。半球形燃烧室［图2.8(c)］，结构紧凑，散热面积小，有利于燃料的完全燃烧和减少排气中的有害气体，但因进、排气门分置两侧而使配气机构较为复杂。半球形燃烧室在现代发动机上应用较多。

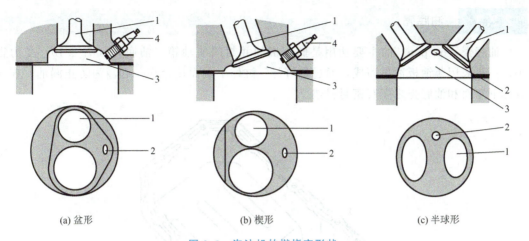

(a) 盆形　　　　　　　(b) 楔形　　　　　　　(c) 半球形

图 2.8　汽油机的燃烧室形状

1—气门；2—火花塞孔；3—燃烧室；4—火花塞

柴油机燃烧室的内容将在"柴油机燃料供给系统"中讨论。

气缸盖衬垫（cylinder head gasket，也称气缸垫）用来密封燃烧室，防止漏气、漏冷却液和润滑油，同时补偿接合面的不平度。气缸盖衬垫装置在气缸盖与气缸体之间，靠螺栓固紧。气缸盖衬垫（图 2.9）上制成燃烧室孔、冷却液孔、润滑油孔和螺栓孔。

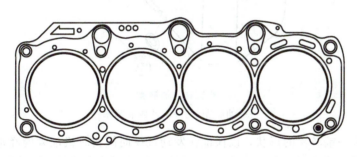

图 2.9　气缸盖衬垫的构造

由于气缸盖衬垫受到高温、高压燃气及压力润滑油、冷却液的作用，需要满足工作条件和环境的要求。气缸盖衬垫要有足够的强度且应耐高温和耐腐蚀，还要有一定的弹性，拆装方便等，保证密封，不易损坏，使用寿命长。

气缸盖衬垫外表面用钢皮或铜皮制成。在燃烧室孔周围有镶边增强，以防被高温燃气烧坏，有的冷却液孔、润滑油孔也有镶边，防止液体渗漏。钢皮覆盖层内通常为石棉，或石棉-金属丝（金属屑）。这种衬垫压紧厚度为 1.2～2mm，有很好的弹性和耐热性，能重复使用，但厚度和质量的均匀性较差。安装气缸盖衬垫时，为防止衬垫被气体冲坏，应把光滑的一面朝气缸体或按规定的要求安装。

气缸盖螺栓的固紧，其拧紧顺序和拧紧力矩要按照制造公司的要求进行。拧紧螺栓的一般原则是，按从中央对称地向四周扩展的顺序，分几次拧紧，直至达到规定的拧紧力矩。对于不同材质的气缸盖，其拧紧状态不同。铸铁气缸盖在发动机热的状态时最后拧紧；铝合金气缸盖则在发动机冷的状态下拧紧，以增加热状态的密封可靠性。

2.2.3 油底壳

油底壳（oil pan）的主要功用是储存机油并封闭曲轴箱。油底壳（图2.10）受力很小，一般采用薄钢板冲压而成，通过螺钉与气缸体下端面接合在一起。为防止漏油，在气缸体下端面和油底壳之间有密封衬垫。

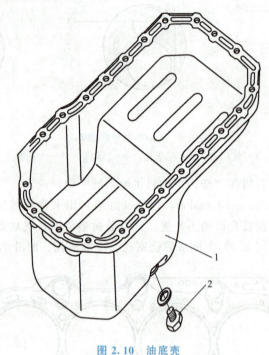

图 2.10 油底壳
1—油底壳；2—磁性放油螺塞

油底壳制成一端较深的形状，以保证在发动机纵向倾斜时机油泵能经常吸到机油。有的油底壳内还设有挡油板，防止汽车行驶时油面波动过大。油底壳底部装有磁性放油螺塞，能吸集机油中的金属屑，以减少发动机运动零件的磨损。

2.3 活塞连杆组

活塞连杆组由活塞、活塞环、活塞销、连杆等机件组成，如图2.11所示。

2.3.1 活塞

活塞（piston）的主要作用是承受气缸中的气体压力，并将此力通过活塞销传给连杆，以推动曲轴旋转。活塞顶部还与气缸盖、气缸壁共同组成燃烧室。

前已述及，活塞的工作条件主要是高压、高温、高速。高压是指在做功行程时，对于汽油机活塞顶部承受的燃气最大瞬时压力值可达3～5MPa；对于柴油机活塞顶部，其最大值可达6～9MPa，采用增压时则更高。高温是指活塞顶部直接与燃气接触，燃气的最高温

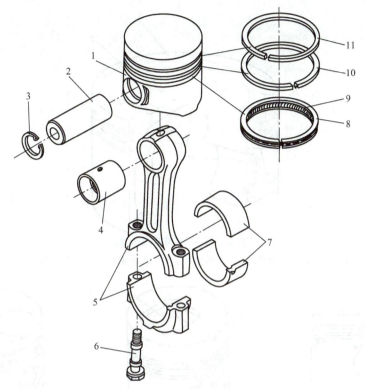

图 2.11 发动机活塞连杆组

1—活塞；2—活塞销；3—卡环；4—衬套；5—连杆及连杆盖；6—连杆螺栓；
7—连杆轴瓦；8、9—组合油环；10—第二道气环；11—第一道气环

度可达 2500K 以上。高速是指活塞平均速度可达 10~14m/s。在这样的条件下，会导致侧压力大，加速活塞的磨损和引起活塞变形；活塞材料的机械强度显著下降，热膨胀量增大，破坏活塞与其相关零件的配合间隙；惯性力增大，增加附加的载荷。

为使活塞能够在不利的条件下良好地工作，要求活塞质量轻，热膨胀系数小，导热性好、耐磨性和加工性能好。因此，必须在活塞的材料和结构上做出努力。由于铝合金比铸铁具有较好的性能，所以现代汽车发动机广泛采用铝合金活塞。

活塞的基本构造可分为顶部、头部和裙部三部分，如图 2.12 所示。

(1) 活塞顶部。活塞顶部的形状较多。汽油机活塞顶部多采用平顶 [图 2.13(a)]，其优点是吸热面积小，制造工艺简单。有的采用凹顶活塞（图 2.12），用来改善混合气形成和燃烧，而凹坑的大小还可以调节发动机的压缩比。柴油机活塞顶部制成凹坑 [图 2.13(b)、图 2.13(c)]，构成燃烧室的主体，凹坑的具体形状、位置和大小必须与柴油机混合气的形成或与燃烧要求相适应。

(2) 活塞头部。活塞头部是活塞环槽及环槽以上的部分。活塞头部用来承受气体压力并传给连杆，其上的环槽安装活塞环实现气缸的密封和热量传导。如图 2.13(a) 所示，活塞头部切有若干道环槽，用以安装活塞环。汽油机一般有 3~4 道环槽，其中 2~3 道安装气环，另一道安装油环。在油环槽底面钻有若干径向小孔，油环从气缸壁上刮下来的多余机油经这些小孔流回油底壳。

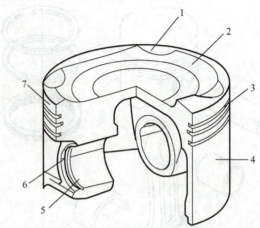

图 2.12 活塞结构剖视示意图

1—凹坑；2—活塞顶；3—活塞环槽；4—活塞裙；5—活塞销座；6—活塞销锁环槽；7—活塞头

(a) 平顶　　　　　　　(b) 凹坑(1)　　　　　　　(c) 凹坑(2)

图 2.13 活塞顶部形状

1—凹坑；2—缺口（活塞顶朝前记号）

活塞头部一般做得较厚，用以承受气体压力和增加热容量。活塞顶部的热量传导是从活塞顶部、活塞头部经活塞环传给气缸壁，然后传给水套中的冷却液，从而防止温度过高。

（3）活塞裙部。用来为活塞在气缸内做往复运动导向和承受侧压力。

活塞头部由于受燃烧气体压力和高温的作用，容易膨胀变形，在气缸内卡死，所以活塞的径向尺寸制作成上小下大。由此，活塞头部不与气缸壁接触，而是靠活塞环与气缸壁接触。活塞在气缸内的运动靠裙部导向。

2.3.2 活塞环

活塞环（piston ring）包括气环和油环。活塞环在活塞上的安装位置如图 2.14 所示。

1. 气环

气环（compression ring）用来密封和传热，防止气缸中的气体从活塞与气缸壁间大量漏入曲轴箱，同时将活塞顶部的大部分热量传导到气缸壁。

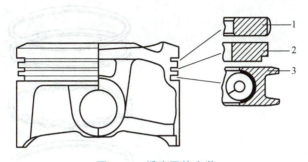

图 2.14 活塞环的安装
1—桶面气环；2—扭曲锥面气环；3—油环

活塞环在高温（第一道环温度可达 600K）、高压、高速及润滑困难的条件下工作，工作环境和条件十分恶劣，故要求活塞环必须有良好的性能，以尽可能延长其使用寿命。尤其是气环的密封性能，若能够有效截止高温燃气直接漏入曲轴箱，则性能良好；否则，将导致活塞和气环烧坏、机油变质、发动机功率不足等。因此，要在活塞环的材料、结构、安装等方面采取措施，保证活塞环工作良好。

由于活塞环的工作条件恶劣，其采用的材料不仅要耐热、耐磨，因承受很大的冲击负荷还要有高的强度和冲击韧度。目前，活塞环广泛采用的材料是合金铸铁（在优质灰铸铁中加入少量铜、铬、钼等合金元素）。为改善第一道气环的润滑条件，一般在其工作表面镀上多孔性铬，因多孔性铬层硬度高，且能储存少量机油，可使环的使用寿命提高 2~3 倍。其余气环一般镀锡或磷化，也可以喷钼，以利改善磨合和提高耐磨性。在高速强化的柴油机上，可采用钢片环来提高弹力和冲击韧度。在国外也有使用粉末冶金的金属陶瓷和聚四氟乙烯制造的活塞环。

为保证气环封气效果，汽油机一般装有 2~3 道气环。活塞环有一个切口，其自由状态下非圆环形，外形尺寸大于气缸内径。当活塞环随活塞一起装入气缸后，靠自身弹力紧贴于气缸壁上。活塞环装入气缸，每道环的切口要相互错开，以阻碍燃气的泄漏。

气环的断面形状对封气有较大影响。矩形断面是常用的气环断面，其工艺性和导热效果较好，但磨合性和密封性较差。矩形断面气环还存在一种所谓的"气环的泵油作用"现象，即气环随活塞做往复运动时，会把气缸壁上的机油不断送入气缸中。

在发动机上广泛采用非矩形断面的扭曲环。所谓扭曲环是指在矩形环的内圆上边缘或外圆下边缘切去一部分。

2. 油环

油环用来布油，将气缸壁面的机油涂抹均匀形成油膜，刮去气缸壁上多余的机油，并起到辅助密封的作用。机油窜入活塞顶部会被燃烧掉而形成积炭，需要油环防止机油窜入；确保气缸中的摩擦副之间有机油，以利于减少运动阻力和磨损。

油环（oil ring）分为普通单体油环和组合油环两种。普通单体油环的结构如图 2.15 所示，一般是用合金铸铁制造的，其外圆面的中间切有一道凹槽，在凹槽底部加工出很多排油小孔或狭缝。组合油环如图 2.16 所示，由刮油钢片 1、轴向衬环 2 和径向衬环 3 组成。

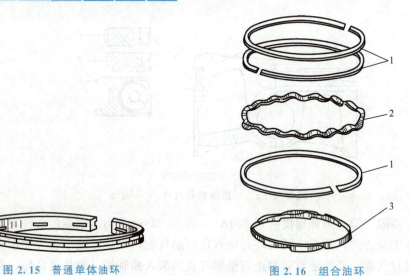

图 2.15 普通单体油环

图 2.16 组合油环

1—刮油钢片；2—轴向衬环；3—径向衬环

2.3.3 活塞销

活塞销（piston pin）用来连接活塞和连杆小头，将活塞承受的气体作用力传给连杆。

活塞销两端支承在活塞销座孔上，中间与连杆小头相连，两端的卡环嵌在销座孔凹槽中给活塞销轴向定位（图 2.17）。活塞销在传力时，主要承受燃气爆发产生的很大的周期性冲击载荷；活塞销处在高温区，其润滑条件很差（一般靠飞溅润滑）。因而要求有足够的刚度和强度，表面耐磨。活塞销随活塞高速运动，要求其质量尽可能小，为此通常将活塞销做成空心圆柱体，如图 2.18 所示。

图 2.17 活塞销

1、4—卡环；2—活塞销；3—活塞；5—连杆小头

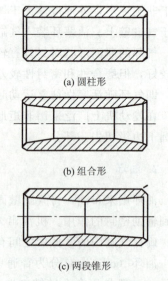

(a) 圆柱形

(b) 组合形

(c) 两段锥形

图 2.18 活塞销的内孔形状

活塞销一般用低碳钢或低碳合金钢制造，先经表面渗碳处理以提高表面硬度，并保证心部有一定的冲击韧度，然后进行精磨和抛光。

活塞销的内孔形状有圆柱形［图2.18(a)］、两段锥形与一段圆柱的组合形［图2.18(b)］及两段锥形［图2.18(c)］等。圆柱孔容易加工，但活塞销的质量较大。两段锥形孔的活塞销质量较小，又接近于等强度梁的要求（因活塞销的受力属简支梁，中部所承受的弯矩最大），但孔的加工较复杂。组合孔的结构则介于两者之间。

为使活塞销各部分的磨损比较均匀，活塞销与活塞销座孔和连杆小头衬套孔的连接配合，一般多采用"全浮式"（图2.19），即在发动机运转过程中，活塞销可相对于连杆小头衬套孔和销座孔缓慢地转动。

由于铝活塞的活塞销座热膨胀量大于钢活塞销，为保证高温工作时有正常的工作间隙（0.01～0.02mm），在冷态装配时活塞销与活塞销座孔采用过渡配合。装配时，应先将铝活塞放在温度为70～90℃的水或油中加热，然后将销装入。

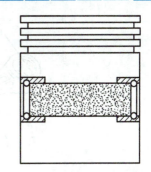

图2.19　活塞销的连接

2.3.4　连杆

连杆（connecting rod）用来连接活塞和曲轴，将活塞承受的力传给曲轴，将活塞的往复运动变为曲轴的旋转运动。

连杆主要承受活塞销传来的气体作用力，其次承受连杆小头随活塞组往复运动时的惯性力；连杆做平面运动，还要承受变速摆动而产生的惯性力矩。这些力和力矩的大小及方向都是周期性变化的。连杆受力复杂，受到压缩、拉伸和弯曲等交变载荷的作用，因此，要求连杆在质量尽可能小的条件下，有足够的刚度和强度。若连杆强度不足断裂，会导致发动机报废；若连杆刚度不足，会使连杆大头孔失圆而导致大头轴瓦因油膜破坏而烧损；连杆杆身弯曲，造成活塞与气缸偏磨、活塞环漏气和窜油等。

连杆一般用中碳钢或合金钢经模锻或辊锻而成，然后经机械加工和热处理。

连杆由连杆小头2、杆身3和连杆大头4（含连杆盖8）三部分组成（图2.20）。

连杆小头与活塞销相连，小头内孔装有青铜衬套，以减少磨损。活塞销与衬套的润滑，可在小头和衬套上钻出集油孔或铣出集油槽，靠收集被激溅上来的机油润滑。也有在杆身内钻出压力油通道，靠发动机供给的压力润滑油润滑。

连杆杆身通常做成"工"字形断面（图2.20），可在满足强度和刚度要求的前提下减小质量。

连杆大头的剖分面可分为平切口和斜切口两种。平切口连杆（图2.20）的剖分面垂直于连杆轴线。平切口连杆大头一般用于汽油机，原因是气缸直径尺寸大于连杆大头。由于柴油机的连杆受力较大，其大头的尺寸会超过气缸直径。为使连杆大头能通过气缸，便于拆卸，一般采用斜切口连杆（图2.21）。斜切口连杆的大头剖分面与连杆轴线成30°～60°夹角。

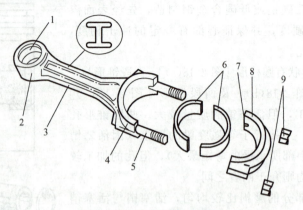

图 2.20 连杆组件分解图

1—连杆衬套；2—连杆小头；3—杆身；4—连杆大头；5—连杆螺栓；6—轴瓦；
7—凹槽；8—连杆盖；9—螺母

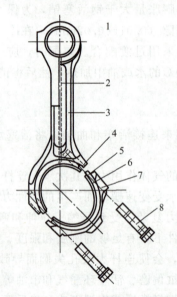

图 2.21 斜切口连杆组件分解图

1—连杆衬套；2—杆身油道；3—杆身；4—连杆大头；5—连杆盖止口凸台；
6—轴瓦；7—连杆盖；8—连杆螺栓

连杆轴瓦（图2.22）采用剖分成两半的滑动轴承，轴瓦是在厚1～3mm的薄钢背的内圆面上浇注0.3～0.7mm的减摩合金层（如巴氏合金、铜铅合金、高锡铝合金等）而成。减摩合金具有保持油膜、减少摩擦阻力和加速磨合的作用。巴氏合金轴瓦的疲劳强度较低，只能用于负荷不大的汽油机；而铜铅合金轴瓦或高锡铝合金轴瓦均具有较高的承载能力与耐疲劳性。锡的质量分数在20%以上的高锡铝合金轴瓦，在汽油机和柴油机上均得到广泛应用。高强化柴油机上的轴瓦，在铜铅合金和减摩层上再镀一层厚度为0.02～0.03mm的铟或锡。半个轴瓦在自由状态下不是半圆形，将其装入连杆大头孔内时，因有过盈而能均匀地紧贴在大头孔壁上，具有很好的承受载荷和导热的能力。两个半分连杆轴瓦上的定位凸键是用来防止连杆轴瓦在工作中发生转动或轴向移动的。凸键分别嵌入连杆大头和连杆盖上的相应凹槽中。连杆轴瓦内表面的油槽，用来储存润滑油，保证可靠润滑。

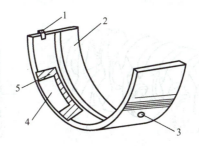

图 2.22　连杆轴瓦

1—定位凸键；2—减摩合金层；3—油孔；4—钢背；5—铜铅合金

2.4　曲轴飞轮组

如图 2.23 所示，曲轴飞轮组主要由曲轴和飞轮及其他不同功用的零件和附件组成。

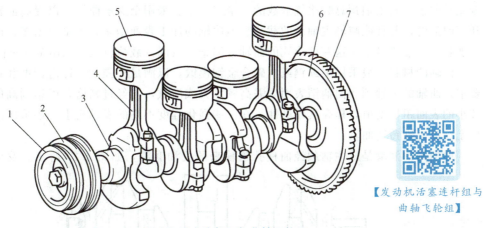

图 2.23　发动机活塞连杆组与曲轴飞轮组

1—带轮；2—扭转减振器；3—曲轴；4—连杆；5—活塞；6—飞轮；7—齿环

【发动机活塞连杆组与曲轴飞轮组】

2.4.1　曲轴

曲轴（crankshaft）用来承受连杆传来的力，并将其转变为驱动转矩。曲轴主要在周期性变化的气体压力，以及旋转质量的离心力和往复惯性力的共同作用下，承受弯曲与扭转载荷。曲轴应具有足够的刚度和强度，而且各工作表面要耐磨和润滑良好，以确保曲轴可靠工作。

如图 2.24 所示，多数发动机的曲轴做成整体式的。曲轴主要由三部分组成：①曲轴的前端（或称自由端）轴 1；②若干个曲拐［由一个连杆轴颈（曲柄销）4 和它左右两端的曲柄3，以及前后两个主轴颈2组成]；③曲轴后端（或称功率输出端）凸缘5。曲轴的曲拐数取决于气缸的数目和排列方式，直列式发动机曲轴的曲拐数等于气缸数；V型发动机曲轴的曲拐数等于气缸数的一半。

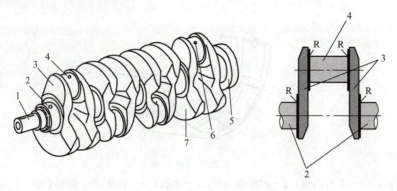

图 2.24 曲轴与曲拐

1—前端轴；2—主轴颈；3—曲柄；4—连杆轴颈（曲柄销）；
5—后端凸缘；6—油孔；7—平衡重

曲轴按支承方式可分为全支承曲轴和非全支承曲轴两种。全支承曲轴是指在相邻的两个曲拐之间，都设置一个主轴颈的曲轴；否则称为非全支承曲轴。直列式发动机的全支承曲轴，其主轴颈的总数（包括曲轴前端和后端的主轴颈）比气缸数多一个；V型发动机的全支承曲轴，其主轴颈总数比气缸数的一半多一个。采用全支承曲轴可以提高曲轴的刚度和弯曲强度，并且能减轻主轴承的载荷。但曲轴的加工表面增多，主轴承增多，而且机体会加长。汽油机可采用这两种形式的曲轴，但柴油机因其载荷较大多采用全支承曲轴。

曲轴的材料一般采用中碳钢或中碳合金钢模锻，以满足高强度、冲击韧度和耐磨性的要求。曲轴的主轴颈和曲柄销表面均需高频淬火或渗氮，再经过精磨，以达到高的精度和较小的表面粗糙度值，提高其耐磨性。在一些强化程度不高的发动机上，还采用高强度的稀土球墨铸铁铸造曲轴。

曲柄销的润滑是从主轴颈经曲柄孔道输来的机油润滑，如图 2.25 所示。发动机上的

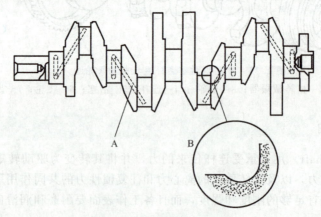

图 2.25 曲轴的润滑

A—油道；B—加工圆角

主油道有多个分油道向主轴颈供机油，从主轴颈到曲柄销加工有斜油道，以满足每个曲柄销的润滑。在曲柄销与曲柄的连接处加工出圆角，以减少应力集中。

由于曲柄销偏离曲轴旋转中心，存在不平衡质量，需要对曲轴进行质量平衡。采用的办法是用平衡重（balancer weight）来平衡偏心质量引起的离心力和离心力矩，以及平衡部分往复惯性力。对于四缸、六缸等多缸发动机，因对称布置曲柄，往复惯性力和离心力及其产生的力矩，从整体上看都能相互平衡，但曲轴的局部却受到弯曲作用。解决的方式是，一般在曲柄的相反方向设置平衡重。如图2.26所示是装有平衡重（也称平衡块）的曲轴。

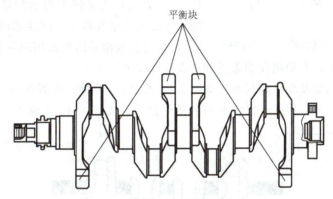

图 2.26　装有平衡重（块）的曲轴

有的发动机曲轴前端（图2.27）装有驱动配气凸轮轴的定时齿轮4，驱动风扇和水泵的带轮1及扭转减振器2等。曲轴前端装置的甩油盘3用来防止机油沿曲轴颈外漏。甩油盘随着曲轴旋转，当有被齿轮挤出或甩出来的机油落到盘上时，会随甩油盘的旋转而被甩到齿轮室盖的壁面上，再沿壁面流回油底壳。甩油盘的外斜面应向后，不能装错，否则效果将适得其反。有的中、小型发动机的曲轴前端还装有起动爪，必要时以便用人力转动曲轴，使发动机起动。

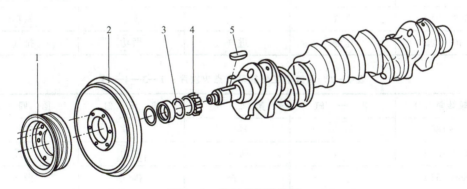

图 2.27　曲轴前端的结构
1—带轮；2—扭转减振器；3—甩油盘；4—定时齿轮；5—键

如图2.28所示，曲轴后端有凸缘1、甩油环3和回油螺纹槽2。凸缘用来安装飞轮。甩油环和回油螺纹槽用来防止机油从曲轴后端漏出。当机油流入曲轴后端时，甩油环将机油甩向外侧，顺着回油通道流回油底壳。回油螺纹槽螺旋方向与曲轴转动方向相反，靠机油本身的黏性与机体后盖孔壁的摩擦阻力使机油往回流动，阻止机油流向凸缘。

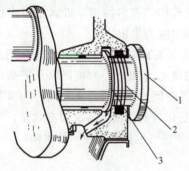

图 2.28 曲轴后端

1—凸缘；2—回油螺纹槽；3—甩油环

曲轴各曲拐的排列布置，要考虑气缸数、气缸排列方式（单列或 V 型等）和点火次序，以保证发动机运转平稳。对四冲程发动机而言，在发动机完成一个工作循环的曲轴转角内，每个气缸都应点火做功一次，其各缸点火的间隔时间（以曲轴转角表示，称为点火间隔角）应力求均匀（做功间隔应力求均匀），对缸数为 i 的发动机其点火间隔角为 $720°/i$。此外，为减轻主轴承的载荷，同时避免可能发生的进气重叠现象（即相邻两缸进气门同时开启），应使连续做功的两缸相距尽可能远。

几种常用的多缸发动机曲拐布置和点火次序如下：

四冲程直列四缸发动机曲拐布置如图 2.29 所示，4 个曲拐布置在同一平面内。点火间隔角为 $720°/4=180°$。其点火次序有两种排列法，即 1—2—4—3 或 1—3—4—2，其工作循环见表 2-1、表 2-2。

图 2.29 直列四缸发动机的曲拐布置

表 2-1 四缸机工作循环（点火次序：1—2—4—3）

曲轴转角/(°)	第 一 缸	第 二 缸	第 三 缸	第 四 缸
0～180	做功	压缩	排气	进气
180～360	排气	做功	进气	压缩
360～540	进气	排气	压缩	做功
540～720	压缩	进气	做功	排气

表 2-2 四缸机工作循环（点火次序：1—3—4—2）

曲轴转角/(°)	第 一 缸	第 二 缸	第 三 缸	第 四 缸
0～180	做功	排气	压缩	进气
180～360	排气	进气	做功	压缩
360～540	进气	压缩	排气	做功
540～720	压缩	做功	进气	排气

四冲程直列六缸发动机曲拐布置如图 2.30 所示，6 个曲拐分别布置在三个平面内，各平面夹角为 120°。点火间隔角为 $720°/6=120°$。六缸发动机曲拐的具体布置有两种，一种的点火次序为 1—5—3—6—2—4，此布置在国产汽车上应用普遍，其工作循环见表 2-3；另一种的点火次序为 1—4—2—6—3—5。

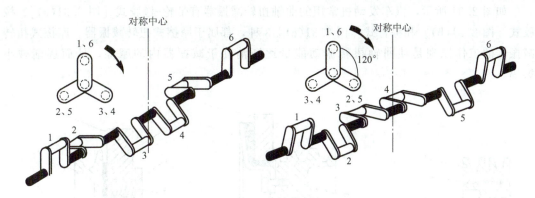

图 2.30　直列六缸发动机的曲拐布置

表 2-3　六缸机工作循环（点火次序：1—5—3—6—2—4）

曲轴转角/(°)		第一缸	第二缸	第三缸	第四缸	第五缸	第六缸
0～180	60	做功	排气	进气	做功	压缩	进气
	120						
	180			压缩	排气		
180～360	240	排气	进气			做功	压缩
	300						
	360			做功	进气		
360～540	420	进气	压缩			排气	做功
	480						
	540			排气	压缩		
540～720	600	压缩	做功	进气	做功	进气	排气
	660						
	720		排气		压缩	压缩	

2.4.2　扭转减振器

　　装置于发动机曲轴前端的扭转减振器（torsional vibration damper）用来消减曲轴的扭转振动。产生曲轴扭转振动的原因：在发动机工作过程中，各曲拐所承受的转矩大小是周期性地变化的，这将引起曲拐回转的瞬时角速度也呈周期性变化。由于曲轴后端固接的飞轮转动惯量大，瞬时角速度可看作均匀的。因而，各曲拐相对于飞轮会产生大小和方向做周期性变化的相对扭转振动，简称扭振。曲轴是扭转弹性系统，本身具有一定的自振频率。出现扭振时，曲轴前端的角振幅最大，扭振的频率与曲轴弹性系统的自振频率相等或呈整数倍时，则会产生共振。由此造成曲轴前端的定时传动系统失准，严重时将造成曲轴断裂。

如图 2.31 所示，汽车发动机常用的曲轴扭转减振器有带轮-橡胶式［图 2.31(a)］、橡胶式［图 2.31(b)］和综合式［图 2.31(c)］3 种，都属于摩擦式扭转减振器。摩擦式扭转减振器的工作原理是使曲轴扭转振动能量逐渐消耗于减振器内的摩擦，从而逐渐减小振幅。

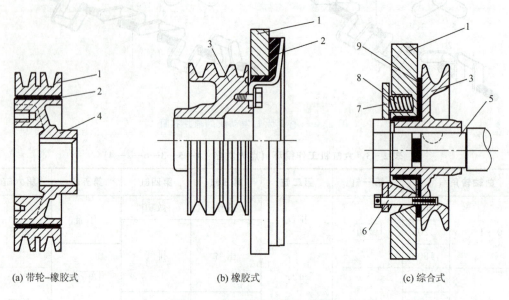

(a) 带轮-橡胶式　　　　　(b) 橡胶式　　　　　(c) 综合式

图 2.31　橡胶摩擦式扭转减振器

1—扭转减振惯性质量；2—硫化橡胶层；3—曲轴带轮；4—带轮轮毂；5—曲轴；
6—螺栓；7—连接板；8—弹簧；9—摩擦板

2.4.3　飞轮

飞轮（flywheel）用来储存曲轴在做功行程中做功的部分能量，在其他行程中释放能量用于克服曲柄连杆机构的运动阻力，保证曲轴的旋转角速度稳定和输出转矩尽可能均匀，克服发动机短时间的超载荷。飞轮同时又作为发动机的动力输出元件，成为汽车传动系统中摩擦离合器的主动件。

飞轮是一个转动惯量很大的圆盘，如图 2.32 所示。为使得飞轮质量尽可能小的情况下，保证有足够的转动惯量，飞轮的大部分质量都集中在轮缘上，因而轮缘通常做得宽而厚。为与起动机的驱动齿轮啮合，飞轮外缘上压有一个齿环 2，供起动发动机用。有的发动机为了校准点火时间，在飞轮上刻有第一缸点火定时记号"上止点/1-6"（图 2.33），当这个记号与飞轮壳上的刻线对定时，即表示 1-6 缸的活塞处在上止点位置。

飞轮多采用灰铸铁制造，当轮缘的圆周速度超过 50m/s 时，要采用强度较高的球铁或铸钢制造。

飞轮和曲轴装配在一起后需要进行动平衡测量，消除不平衡质量。否则若存在不平衡质量，将因产生的离心力引起发动机振动并加速主轴承的磨损。一般用定位销或螺栓的不对称布置来保证飞轮与曲轴之间的相对位置，从而在拆装时也不至于破坏它们的平衡状态。

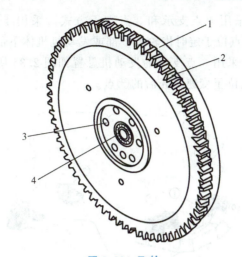

图 2.32 飞轮

1—飞轮；2—齿环；3—螺栓孔；4—轴承

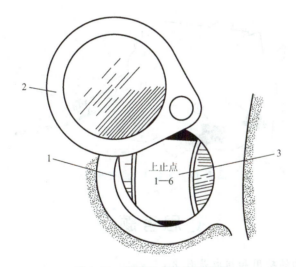

图 2.33 发动机点火定时记号

1—离合器外壳记号；2—观察孔盖板；3—飞轮上的记号

2.5 发动机的悬置

前已述及，燃烧气体的作用力和活塞及连杆小头的往复惯性力，以及曲柄、曲柄销和连杆大头绕曲轴轴线旋转而产生的旋转惯性力，会引起发动机的上下振动和水平方向的振动。在发动机气缸数目少或运转速度较低时，发动机的振动会加剧。为了防止和减轻振动传递，在发动机装置到车架或车身上时，在其连接支承部位要设置弹性元件。这种将振动源进行隔离的弹性支承称为发动机悬置（engine mounting）。

发动机悬置除吸收缓和振动外，要有可靠支承发动机质量的能力，要综合考虑支承点及数目、发动机的类型、汽车底盘或车身的结构等。

发动机悬置较多地采用 4 点支承和 3 点支承方式。采用 4 点支承的发动机悬置如图 2.34 所示,前部支承点位于定时齿轮壳下部或发动机机体下部两侧,后部支承点位于飞轮壳或变速器壳两侧。采用 3 点支承的发动机悬置如图 2.35 所示,前部支承点与 4 点支承的相同,后部支承点位于变速器壳后的③点。

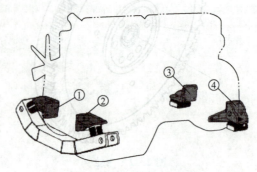

图 2.34 发动机 4 点支承示意

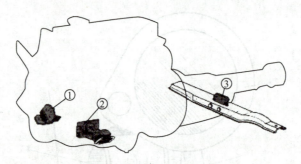

图 2.35 发动机 3 点支承示意

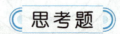

1. 曲柄连杆机构的功用和组成是什么?
2. 气缸的排列方式有哪几种?
3. 汽油机燃烧室主要有哪几种?各有何特点?
4. 什么是干缸套?什么是湿缸套?
5. 活塞由哪几部分组成?各部分的作用如何?
6. 活塞环有哪几种?各起什么作用?
7. 连杆由哪几部分构成?
8. 曲轴的构造是怎样的?
9. 曲轴上的平衡重起什么作用?
10. 曲轴扭转减振器起什么作用?
11. 发动机悬置有哪几种支承方式?

第3章 配气机构

教学提示

配气机构是保证新鲜可燃混合气（汽油机）或空气（柴油机）得以及时进入气缸并把燃烧后生成的废气及时排出气缸的装置。本章重点介绍配气机构的布置形式、配气相位、配气机构的气门组及气门传动组，同时简要介绍可变配气机构。

教学目标

本章要求学生熟练掌握配气机构的布置形式、结构特点、基本组成和工作原理；了解发动机可变配气机构。

3.1 概　　述

配气机构是发动机的另一个主要机构。它的功用主要表现在两个方面：一是按照发动机的工作顺序控制各缸气门的开启或关闭；二是保证气缸内进气要充分，排气要完全。

3.1.1 充气效率

气缸内进气量的多少，直接影响发动机功率的大小，即进入气缸的新鲜空气或可燃混合气越多，可燃混合气燃烧时可能放出的热量越大，则发动机可能发出的功率就越大。这个度量进气充满气缸的程度，用充气效率（也称充气系数）η_v 来表示。所谓充气效率就是指在进气过程中，实际进入气缸的新鲜空气或可燃混合气的质量与在理想状况下充满气缸工作容积的新鲜空气或可燃混合气的质量之比，即

$$\eta_v = \frac{M}{M_0}$$

式中，M 为进气过程中，实际充入气缸的新鲜空气或可燃混合气的质量；M_0 为理想状态下，充满气缸工作容积的新鲜空气或可燃混合气的质量。

追求高的充气效率是提高发动机功率的主要途径之一。影响发动机充气效率的因素是多方面的,有进气系统对进气流动的阻力,有进气时气缸内、外压力差的大小,有气缸燃烧区域高温零件对进气的加热等。这就导致实际充入气缸的新鲜气体的质量总是小于在理想状况下充满气缸工作容积的新鲜气体的质量,即充气效率总是小于1,一般为0.80~0.90。因此,一则配气机构的结构要使之有利于减小进气和排气的阻力,二则对气门的开闭时刻控制要有利于进气和排气。

3.1.2 气门与凸轮轴的布置形式

1. 气门的布置形式

现代汽车发动机广泛采用气门顶置式配气机构,即进气门和排气门都倒装在气缸盖上,如图3.1所示。该配气机构主要由气门13、气门导管12、气门弹簧11、气门弹簧座10、锁片9、摇臂轴7、摇臂8、推杆3、挺柱2、凸轮轴1和定时齿轮(未画出)等组成。发动机工作时,曲轴通过定时齿轮驱动凸轮轴旋转,当凸轮轴转到凸轮的凸起部分顶起挺柱2时,通过推杆3和调整螺钉6使摇臂8绕摇臂轴7摆动,压缩气门弹簧11,使气门13离开气门座,即气门开启。当凸轮凸起部分离开挺柱后,气门便在气门弹簧力的作用下上升而落座,气门关闭。

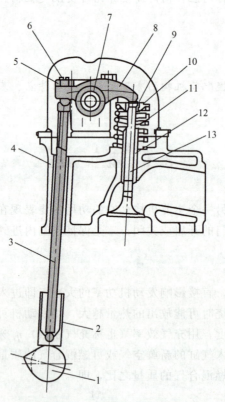

图3.1 气门顶置式配气机构

1—凸轮(轴);2—挺柱;3—推杆;4—气缸盖;5—锁紧螺母;6—调整螺钉;7—摇臂轴;
8—摇臂;9—锁片;10—气门弹簧座;11—气门弹簧;12—气门导管;13—气门

四冲程发动机每完成一个工作循环,曲轴旋转两周,各缸进、排气门各开启一次,此时凸轮轴只旋转一周,因此曲轴与凸轮轴的转速传动比为2∶1。

气门顶置式发动机,由于燃烧室结构紧凑,充气阻力小,具有良好的抗爆性和高转速性,易于提高发动机的动力性和经济性指标。

采用传动链传动的气门顶置式配气机构如图3.2所示。发动机工作时,曲轴1通过曲轴定时齿轮2,带动传动链3,驱动凸轮轴定时齿轮4,使凸轮轴6转动,凸轮轴上的凸轮5直接驱动气门7开启,气门关闭则依靠气门弹簧,完成进气或排气行程。

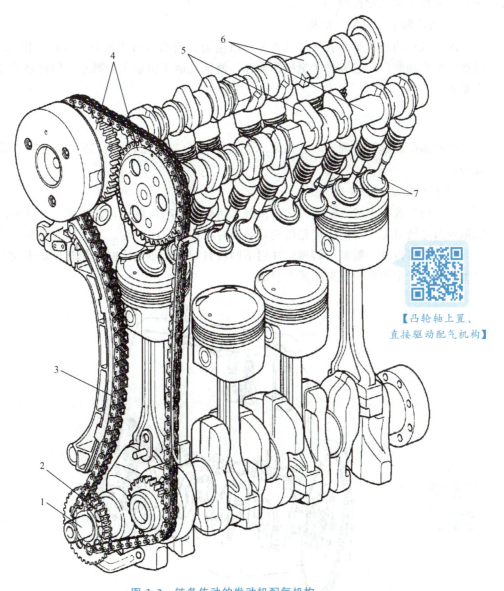

【凸轮轴上置、直接驱动配气机构】

图3.2 链条传动的发动机配气机构
1—曲轴;2—曲轴定时齿轮;3—传动链;4—凸轮轴定时齿轮;
5—凸轮;6—凸轮轴;7—气门

2. 凸轮轴的布置形式

凸轮轴的布置形式可分为下置、中置和上置三种形式。以下仅介绍常见的凸轮轴下置和上置的布置形式。

1) 凸轮轴下置式配气机构

曲轴驱动凸轮轴若由定时齿轮驱动，则希望尽可能缩短曲轴与凸轮轴之间的距离。将凸轮轴布置在曲轴箱中部，称为凸轮轴下置式配气机构，如图3.1所示。这种方案传动简单，一般都采用齿轮传动。

2) 凸轮轴上置式配气机构

配气机构的凸轮轴布置在气缸盖上，凸轮轴上的凸轮可直接驱动气门（图3.2）或通过摇臂来驱动气门。它省去了挺柱和推杆，使往复运动质量大大减小，因此适合于高转速发动机。

3. 凸轮轴的传动方式

凸轮轴由曲轴带动旋转，它们之间的传动方式有齿轮传动、链传动及同步带传动等几种。

1) 齿轮传动（gear drive）

凸轮轴下置、中置式配气机构大多数采用圆柱定时齿轮传动，如图3.3所示。一般由曲轴到凸轮轴只需一对定时齿轮传动，必要时可加装中间齿轮。为了啮合平稳，减小噪声和磨损，定时齿轮一般都用斜齿轮并用不同材料制成，曲轴定时齿轮常用钢来制造，而凸轮轴定时齿轮则用铸铁或夹布胶木制成。

【配气定时齿轮传动关系】

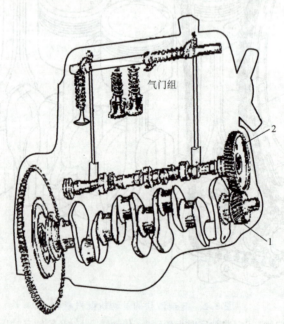

图 3.3 凸轮轴的齿轮传动装置
1—曲轴定时齿轮；2—凸轮轴定时齿轮

2）链传动（chain drive）和同步带传动（belt drive）

链传动特别适合于凸轮轴上置式配气机构，如图3.2所示，但其工作可靠性和耐久性不如齿轮传动。近年来在高转速汽车发动机上还广泛采用同步带代替传动链，如图3.4所示。同步带传动对于减小噪声，减小结构质量与降低成本都有很大好处。同步带用氯丁橡胶制成，中间夹有玻璃纤维以提高强度。

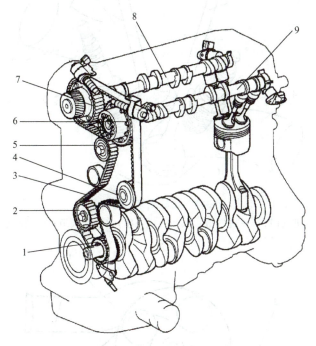

图3.4　凸轮轴的同步带传动装置
1—曲轴定时带轮；2—中间轴定时带轮；3—定时同步带；4、5—张紧轮；
6、7—凸轮轴定时带轮；8—凸轮轴（进气门侧）；9—凸轮轴（排气门侧）

广州标致505型乘用车配气机构采用链传动；一汽奥迪100和捷达/高尔夫、上海桑塔纳及天津夏利TJ7100型乘用车配气机构均采用同步带传动。

4. 气门数目及排列方式

一般发动机都采用每缸两气门，即一个进气门和一个排气门的结构，如图3.5所示。为了进一步改善气缸的换气性能，在结构允许的条件下，应尽量增大进气门头部的直径。当气缸直径较大，活塞平均线速度较高时，每缸一进一排的气门结构就不能保证良好的换气质量，因此，在很多中、高级新型乘用车和运动型汽车发动机上普遍采用每缸多气门结构，有采用每缸三气门结构的；常见的为采用每缸四气门结构（图3.6）；也有采用每缸五气门（三个进气门、两个排气门）结构的。气门数目的增加，使发动机的进、排气通道的横截面积大大增加，提高了发动机的充气效率，改善了发动机的动力性能。

5. 气门间隙

为保证气门关闭严密，通常发动机在冷态装配时，在气门杆尾端与气门驱动零件（摇

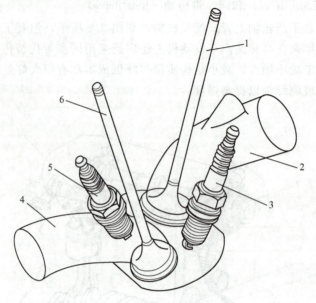

【气门顶置】

图 3.5　每缸二气门的布置
1—进气门；2—进气道；3、5—火花塞；4—排气道；6—排气门

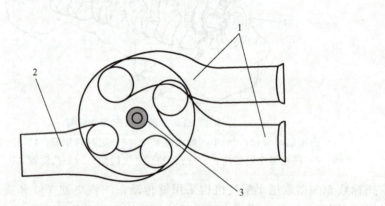

图 3.6　每缸四气门的布置
1—进气道；2—排气道；3—火花塞孔

臂、挺柱或凸轮）之间留有适当的间隙，这一间隙称为气门间隙，如图 3.7 所示。发动机工作时，气门因温度升高而膨胀。如果气门及其传动件之间，在冷态时无间隙或间隙过小，则在热态下，气门及其传动件受热膨胀势必会引起气门关闭不严，造成发动机在压缩和做功行程中漏气，从而使功率下降，严重时甚至不易起动。为了消除这种现象，通常留有适当的气门间隙，以补偿气门受热后的膨胀量。气门间隙的大小由发动机制造厂根据试验确定，一般在冷态时，进气门的间隙为 0.25～0.30mm，排气门的间隙为 0.30～0.35mm。气门间隙过大，将影响气门的开启量，同时在气门开启时产生较大的冲击响声。为了能对气门间隙进行调整，在摇臂（或挺柱）上装有调整螺钉及锁紧螺母。一些中、高级乘用车由于装用液力挺柱，故不预留气门间隙。

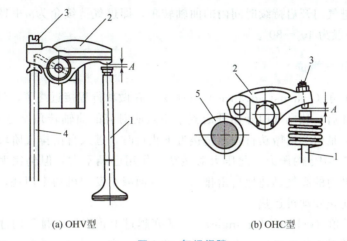

(a) OHV型　　　　　　　　　　(b) OHC型

图 3.7　气门间隙

1—气门；2—摇臂；3—调整螺钉；4—推杆；5—凸轮；A—气门间隙

3.1.3　配气相位

用曲轴转角表示的进、排气门实际开闭时刻和开启持续转角，称为配气相位（valve timing）。通常用相对于上、下止点曲拐位置的曲轴转角的环形图来表示，这种图形称为配气相位图，如图 3.8 所示。

理论上，四冲程发动机的进气门当曲拐处在上止点时开启，下止点时关闭；排气门则当曲拐在下止点时开启，上止点时关闭。进气过程和排气过程各占 180°曲轴转角。但实际上由于发动机转速很高，活塞每一行程历时相当短，如上海桑塔纳乘用车发动机活塞行程历时仅 0.0054s。在这样短的时间内换气，势必会造成进气不足和排气不彻底，从而使发动机功率下降。因此，现代发动机气门实际开闭时刻需要提前开、迟后关，采取延长进、排气时间的方法，以改善进、排气状况，从而提高发动机的动力性。

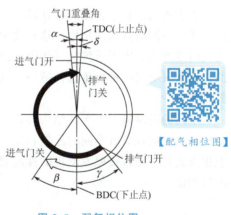

【配气相位图】

图 3.8　配气相位图

1. 进气门的配气相位

（1）进气提前角（intake advance angle）α。在排气行程接近终了、活塞到达上止点之前，进气门便开始开启，从进气门开始开启到活塞移到上止点所对应的曲轴转角 α 称为进气提前角。进气门提前开启，是为了保证进气行程开始时进气门已开大，减小进气阻力，新鲜气体能顺利地充入气缸。

（2）进气迟后角（intake lag angle）β。在进气行程下止点过后，活塞又上行一段，进气门才关闭。从下止点到进气门关闭所对应的曲轴转角 β 称为进气迟后角。进气门迟后关闭，是由于活塞到达下止点时，缸内压力仍低于大气压力，进入惯性进气阶段，仍可以利用气流惯性和压力差继续进气。

由此可见，进气门开启持续时间内的曲轴转角，即进气持续角为 $\alpha+180°+\beta$。α 一般为 $10°\sim30°$，β 一般为 $40°\sim80°$。

2. 排气门的配气相位

（1）排气提前角（exhaust advance angle）γ。在做功行程接近终了，活塞到达下止点之前，排气门便开启。从排气门开始开启到下止点所对应的曲轴转角 γ 称为排气提前角。排气门提前开启，是由于当做功行程活塞接近下止点时，进入自由排气阶段，气缸内的气体还有 $0.30\sim0.50$MPa 的压力，此压力对做功的作用已经不大，但仍比大气压力高，可利用此压力使气缸内的废气迅速地自由排出，一方面减小发动机功率消耗，另一方面高温废气迅速排出可防止发动机过热。

（2）排气迟后角（exhaust lag angle）δ。活塞越过上止点后，排气门才关闭。从上止点到排气门关闭所对应的曲轴转角 δ 称为排气迟后角。排气门迟后关闭，是由于活塞到达上止点时，气缸内的残余废气压力继续高于大气压力，加之排气时气流有一定的惯性，仍可以利用气流惯性和压力差把废气排放得更干净。

由此可见，排气门开启持续时间内的曲轴转角（即排气持续角）为 $\gamma+180°+\delta$。γ 一般为 $40°\sim80°$，δ 一般为 $10°\sim30°$。

3. 气门重叠

由于进气门在上止点前已开启，而排气门在上止点后才关闭，这就出现在一段时间内进、排气门同时开启的现象，这种现象称为气门重叠。气门同时开启的曲轴转角 $\alpha+\delta$ 称为气门重叠角。由于新鲜气流和废气流的流动惯性都比较大，在短时间内是不会改变流向的，因此只要气门重叠角选择适当，就不会有废气倒流入进气管和新鲜气体随同废气排出的可能性。

不同的发动机，由于其结构形式、转速各不相同，因而配气相位也不相同。同一台发动机转速不同也应有不同的配气相位，转速越高，提前角和迟后角也应越大，但这在结构上很难满足。通常按照发动机的性能要求，通过反复试验确定某一常用转速下较为合适的配气相位。

3.2 配气机构的组成

配气机构由气门组和气门传动组组成。气门组包括气门、气门导管、气门座和气门弹簧等主要零部件。气门传动组主要包括凸轮轴、凸轮轴定时齿轮、挺柱、推杆（气门顶置式配气机构）、摇臂和摇臂轴。

3.2.1 气门组

气门组的作用是实现气缸的密封。气门组的组成如图 3.9 所示。

配气机构 第3章

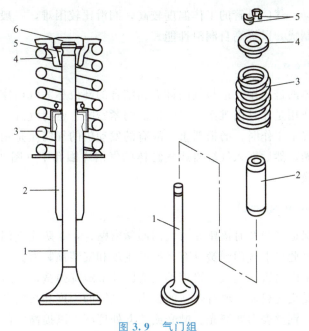

图 3.9 气门组

1—气门；2—气门导管；3—气门弹簧；4—气门弹簧座；5—锁片；6—垫块

1. 气门 (valve)

气门（图 3.9 中的件 1）由头部和杆部两部分组成，头部用来封闭气缸的进、排气通道，杆部则主要为气门的运动导向。气门的作用是与气门座相配合，对气缸进行密封，并按工作循环的要求定时开启和关闭。气门头部受高温作用，承受高压及气门弹簧和传动组惯性力的作用，气门杆在气门导管中做高速直线往复运动，其冷却和润滑条件差，因此，要求气门必须具有足够的强度、刚度、耐热和耐磨能力。进气门材料常采用合金钢（铬钢或镍铬钢等），排气门材料则采用耐热合金钢（硅铬钢等）。另外，为了改善气门的导热性能，有的气门在内部充注金属钠，钠在970℃时为液态，液态钠可将气门头部的热量传给气门杆，冷却效果十分明显。捷达王乘用车发动机的排气门即采用钠冷却气门。

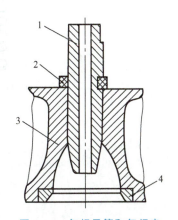

图 3.10 气门导管和气门座

1—气门导管；2—卡环；3—气缸盖；4—气门座

2. 气门导管 (valve guide)

气门导管的功用是给气门的运动导向，并为气门杆散热。其结构如图 3.9 或图 3.10 所示。为便于调换或修理，气门导管内、外圆柱面经加工后压入气缸盖或气缸体的气门导管孔中，然后精铰内孔。为了防止气门导管在使用过程中松落，有的发动机的气门导管用卡环定位（图 3.10）。气门杆与气门导管之间一般留有 0.05～0.12mm 的间隙，使气门杆

55

能在导管中自由运动。气门导管的工作温度较高,润滑比较困难,一般用含石墨较多的铸铁或铁基粉末冶金制成,以提高自润滑性能。

3. 气门座（valve seat）

气缸盖或气缸体的进、排气道与气门锥面相结合的部位称为气门座,气门座上有相应的锥面。气门座的作用是靠其内锥面与气门锥面的紧密贴合密封气缸,并接受气门传来的热量。气门座在高温下工作时,磨损严重,故有的发动机的气门座是用耐热钢材或合金铸铁单独制成气门座圈,然后嵌入气缸盖或气缸体的气门座圈孔中（图 3.10）,以利提高其使用寿命并便于更换。

4. 气门弹簧（valve spring）

气门弹簧用来保证气门及时落座并与气门座紧密贴合,并防止气门在发动机振动时因跳动而破坏密封。因此要求气门弹簧具有足够的刚度和安装预紧力。

气门弹簧多用中碳铬钒钢丝或硅铬钢丝制成圆柱形螺旋弹簧,如图 3.11(a) 所示。气门弹簧在工作时承受交变载荷,要有合适的弹力、足够的刚度和抗疲劳强度。为此,气门弹簧要经过热处理,钢丝表面要磨光、抛光或喷丸处理等,以提高气门弹簧的抗疲劳强度和工作可靠性。

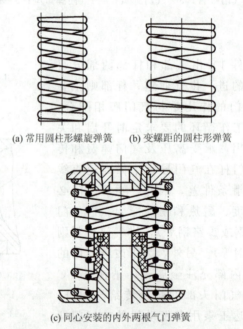

(a) 常用圆柱形螺旋弹簧　(b) 变螺距的圆柱形弹簧

(c) 同心安装的内外两根气门弹簧

图 3.11　气门弹簧

安装气门弹簧时,其一端支承在气缸盖或气缸体上,而另一端则压靠在气门杆尾端的弹簧座上,弹簧座用锁片固定在气门杆的末端。为防止弹簧发生共振,可采用变螺距的圆柱形弹簧［图 3.11(b)］,如红旗 CA7560 型汽车的 8V100 型发动机的气门弹簧。在大多数高转速发动机上,每个气门同心安装有内、外两根气门弹簧［图 3.11(c)］,由此可防止共振,且当一根弹簧折断时另一根仍可维持工作,并能降低弹簧的高度。两根气门弹簧的螺旋方向和螺距各不相同,可防止折断的弹簧圈卡入另一个弹簧圈内。一汽奥迪 100 型、捷达、高尔夫、上海桑塔纳、广州标致 505 型乘用车发动机及 CA6102、BJ492Q 型汽油机均采用双气门弹簧。

3.2.2 气门传动组

气门传动组的作用是使气门按发动机配气相位规定的时刻及时开、闭,并保证规定的开启时间和开启升程。这部分内容主要涉及气门顶置式配气机构的气门传动组。

1. 凸轮轴(camshaft)

凸轮轴主要由凸轮 6、凸轮轴轴颈 5 等组成(图 3.12)。汽油机中,下置凸轮轴上还有用来驱动机油泵、分电器的螺旋齿轮 7 和驱动汽油泵的偏心轮 8。凸轮受到间歇开启气门的周期性冲击载荷,因此凸轮表面要耐磨,凸轮轴要有足够的韧性和刚度。凸轮轴一般用优质锻钢或特种铸铁制成,凸轮和轴颈的工作表面经热处理后精磨和抛光,可以提高其硬度及耐磨性。

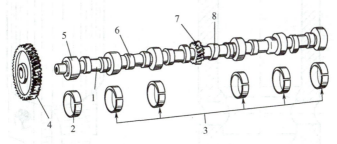

图 3.12　凸轮轴总成

1—凸轮轴;2—前轴承;3—中、后轴承;4—凸轮轴定时齿轮;5—凸轮轴轴颈;6—凸轮;
7—分电盘轴(机油泵)驱动(螺旋)齿轮;8—偏心轮

凸轮轴由曲轴通过传动装置驱动,如图 3.13 所示,有的采用一对定时齿轮传动。小齿轮和大齿轮分别用键安装在曲轴和凸轮轴的前端,其传动比为 2∶1。在装配曲轴和凸轮轴时,必须将齿轮定时标记对准,以保证正确的配气相位和点火时刻。

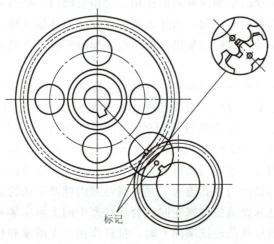

图 3.13　定时齿轮及定时标记

2. 挺柱（cam follower）

挺柱的作用是将凸轮的推力传递给推杆或气门杆，并承受凸轮轴旋转时所施加的侧向力。挺柱可分为普通挺柱和液力挺柱两种。

（1）普通挺柱。气门顶置式配气机构采用的挺柱有筒式和滚轮式两种结构形式，如图 3.14 所示。筒式挺柱圆周钻有通孔，便于筒内收集的机油流出润滑挺柱底面及凸轮，并可减轻质量。滚轮式挺柱可以减少磨损，但结构较复杂，质量较大，多用于大缸径柴油机的配气机构上。

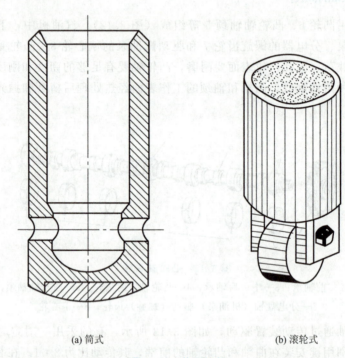

(a) 筒式　　　　　　　　(b) 滚轮式

图 3.14　普通挺柱

挺柱工作时，由于受凸轮侧向推力的作用，会稍有倾斜，将引起挺柱与导管之间的单面磨损和造成挺柱底面磨损不均匀。为此，有的挺柱底面被制成球面 [图 3.14(a)]，而且凸轮面被制成带锥度形状。这样可使挺柱被凸轮顶起时还有绕本身轴线的转动，以达到均匀磨损的目的。

（2）液力挺柱。由于存在气门间隙，发动机工作时，配气机构传动件将发生撞击而产生噪声。为解决这一矛盾，有些高级乘用车的发动机采用液力挺柱。图 3.15 所示为红旗 CA7560 型乘用车 8V100 型发动机所使用的液力挺柱结构图。在挺柱体 1 中装有柱塞 3，在柱塞上端压入支承座 5。柱塞被柱塞弹簧 8 压向上方，其最上位置由卡环 4 来限制，柱塞下端的单向阀架 2 内装有单向阀碟形弹簧 6 和单向阀 7。发动机工作时，润滑系统中的机油从主油道经挺柱体侧面的油孔流入，并充满柱塞内腔及下面的空腔。

当气门关闭时，柱塞弹簧使柱塞连同压合在柱塞中的支承座紧靠着推杆，整个配气机构中不存在间隙。当挺柱被凸轮推举向上时，推杆作用于支承座和柱塞上的反力力图使柱

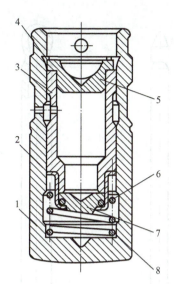

图 3.15 红旗 CA7560 型乘用车的 8V100 型发动机所用液力挺柱结构图
1—挺柱体；2—单向阀架；3—柱塞；4—卡环；5—支承座；
6—单向阀碟形弹簧；7—单向阀；8—柱塞弹簧

塞克服柱塞弹簧的弹力而相对于挺柱体向下移动，于是柱塞下部腔内的油压迅速增高，使单向阀关闭。此时挺柱如同一个刚体，这样便保证了必要的气门升程。当气门开始关闭或冷却收缩时，柱塞所受压力减小，在柱塞弹簧的作用下，柱塞向上运动，始终与推杆保持接触，同时柱塞下部腔中产生真空度，单向阀被吸开，油液便流入挺柱体腔。

一汽奥迪 100、捷达、高尔夫、红旗 CA7220 型及上海桑塔纳型乘用车的发动机均采用液力挺柱。

3. 推杆（push rod）

推杆的作用是将凸轮轴经过挺柱传来的推力传递给摇臂。推杆是根细长的传力件，压力过大易挠曲。为保证推杆有足够的刚度和减轻质量，常采用冷拔无缝钢管制成推杆。推杆可以是实心的，也可以是空心的。实心推杆两端有凹球支座和凸球体［图 3.16(a)］。图 3.16(b) 所示为硬铝棒制成的推杆，推杆两端配以钢制的支承，其上、下端头与杆身做成一体。空心推杆如图 3.16(c) 和图 3.16(d) 所示，前者的球头与杆身做成整体，后者的两端与杆身用焊接或压配的方法联成一体。不同形状的端头与气门间隙调整螺钉的球形头部相适应，凹形球头可积存少量的润滑油以减少磨损。

4. 摇臂（rocker arm）

摇臂是一个中间带有圆孔的不等长双臂杠杆，其作用是将推杆传来的力改变方向后作用在气门尾端，使气门开启。

普通摇臂（图 3.17）的长臂端部制成圆弧形的工作面，以利于传力和减少磨损。短臂端部螺孔中装入调整气门间隙的调整螺钉及锁紧螺母。螺钉的球头与推杆顶端的凹球座相连接。摇臂内有润滑油孔。

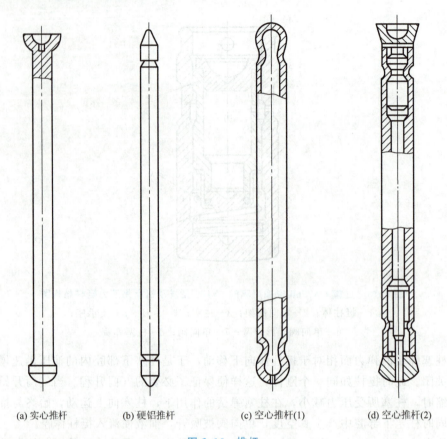

(a) 实心推杆　　(b) 硬铝推杆　　(c) 空心推杆(1)　　(d) 空心推杆(2)

图 3.16　推杆

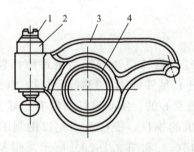

图 3.17　摇臂

1—气门间隙调整螺钉；2—调节螺母；3—摇臂；4—摇臂轴套

如图 3.18 所示，摇臂通过摇臂轴来支承。摇臂 7、摇臂轴 2 和摇臂轴支座 5（10）等组成了摇臂组（摇臂支架）。摇臂 7 通过摇臂衬套 6 空套在两端带碗形塞 1 的空心摇臂轴 2 上，而摇臂轴又通过摇臂轴支座 5 和 10 固定在气缸盖上。通常润滑油从缸体上的主油道经缸体或缸体外油管、缸盖和摇臂轴支座中的油道进入中空的摇臂轴，然后通过轴上的径向孔进入摇臂及轴之间润滑。为防止摇臂轴向窜动，在每两个摇臂之间都装有限位弹簧 11。

摇臂的材料一般为中碳钢，也可以采用铸铁或铸钢精铸而成。为提高耐磨性，支座的摇臂轴孔内镶有青铜衬套或装有滚针轴承。

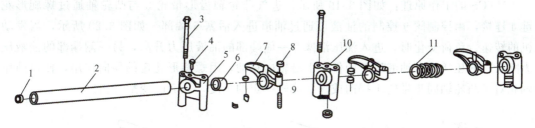

图 3.18 摇臂组

1—碗形塞；2—摇臂轴；3—螺栓；4—摇臂轴紧定螺钉；5—摇臂轴前支座；6—摇臂衬套；
7—摇臂；8—锁紧螺母；9—调整螺钉；10—摇臂轴中间支座；11—限位弹簧

3.3 可变配气机构

发动机的配气相位确定下来后，在发动机运转过程中是无法改变的。最佳的配气相位不能覆盖发动机的各种转速工况，只能满足一定转速范围，因此需要兼顾高、低转速时发动机性能对进排气的不同需求。由于发动机的进气对发动机性能影响大，在乘用车发动机上出现了能随发动机转速变化而改变进气量或配气相位的装置。

图 3.19 所示为可变配气定时控制系统（Valve Timing Control System，VTCS）。

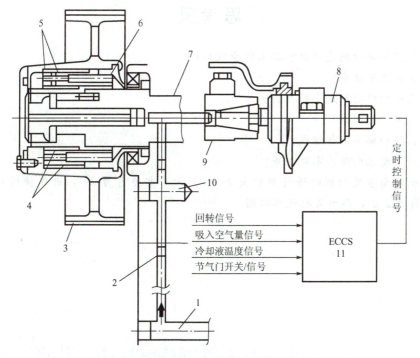

图 3.19 可变配气定时控制系统（VTCS）

1—气缸体主油道；2—节流孔；3—凸轮轴同步带轮；4—螺旋形花键；5—活塞；6—回位弹簧；
7—凸轮轴；8—电磁阀；9—控制阀；10—气缸盖油道孔；11—电控单元

VTCS 的工作原理：如图 3.19 所示，进气凸轮轴齿形带轮 3 与凸轮轴通过螺旋形花键 4 连接，由控制阀 9 控制的油液可通过油道进入活塞 5 端部。如图 3.20 所示，当发动机的转速、负荷变化时，进入油压活塞 2 一侧端部的油液压力升高，另一侧端部的油液压力降低，油压活塞在油液压差的作用下沿轴向移动，因螺旋形花键的导向作用，使得凸轮轴相对于凸轮轴同步带轮 1 提前或滞后旋转一定的角度，从而改变配气相位。

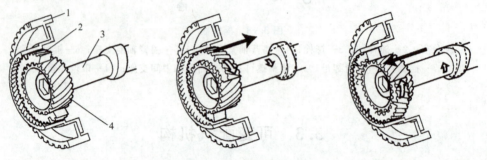

图 3.20　配气定时可变示意图

1—凸轮轴同步带轮；2—油压活塞；3—凸轮轴；4—螺旋形花键

凸轮轴同步带轮内活塞的油液是由气缸体主油道提供的（图 3.20），用控制阀和电磁阀控制凸轮轴同步带轮内活塞油压的变化。电控单元通过相应的传感器提供发动机的转速、进气量、冷却液温度及节气门开度等参数的信息，向控制阀和电磁阀发出执行指令。

思考题

1. 配气机构的功用是什么？其工作原理如何？
2. 什么是充气效率？
3. 凸轮轴的传动形式有哪几种？
4. 什么是配气相位？
5. 气门组由哪些零件组成？
6. 气门传动组由哪些零件组成？
7. 已知某型号发动机的进气提前角为 20°，气门重叠角为 39°，进气持续角为 256°，排气持续角为 249°，画出其配气相位图。

第 4 章
汽油机燃料供给系统

教学提示

采用电控汽油喷射系统有效地提高了发动机的动力性和经济性，并改善了排放性能。电控汽油喷射系统的组成包括燃油供给系统、空气供给系统和电子控制系统。

教学目标

要求学生了解电控汽油喷射系统的分类及工作原理，重点掌握 L 型汽油喷射系统的组成及工作原理，掌握电控汽油喷射系统中主要部件的结构和工作原理。

4.1 概　　述

在汽车发动机上使用的汽油机燃料供给系统（简称汽油机供给系统）有两种基本形式：化油器式汽油机燃料供给系统和电控汽油喷射式汽油机燃料供给系统。由于化油器式汽油机燃料供给系统在汽车上运用越来越少，所以本章主要介绍电控汽油喷射式汽油机燃料供给系统（简称电控汽油喷射系统）。

4.1.1　汽油的基本特性与汽油机燃料供给系统的功用

汽油（gasoline）是由石油提炼而得到的密度小又易挥发的液体燃料。汽油由多种碳氢化合物组成。按照提炼方法，汽油可分为直馏汽油和裂化汽油等。

汽油的使用性能指标主要是蒸发性、热值和抗爆性。对于高速发动机，形成可燃混合气过程的时间很短，一般只有百分之几秒，因此汽油蒸发性的好坏，对形成的混合气质量有很大的影响。汽油的蒸发性可通过燃料的蒸馏试验来测定：将汽油加热，分别测定蒸发出 10%、50%、90% 馏分时的温度及终馏温度。但发动机所用的汽油蒸发性越强，则越易发生气阻导致发动机失速。燃料的热值是指 1kg 燃料完全燃烧后所产生的热量。汽油的热值约为 44000kJ/kg。

汽油的抗爆性是汽油的一项主要性能指标，指汽油在发动机气缸中燃烧时，避免产生爆燃的能力，即抗自燃能力。发动机选用抗爆性较好的汽油，就可能采用较高的压缩比而不至于发生爆燃。汽油抗爆性的好坏程度一般用辛烷值表示，辛烷值越高，抗爆性越好。国产汽油的辛烷值可以看其代号，例如，代号为 RQ-95 的汽油，其辛烷值不小于 95。选择汽油的主要依据就是发动机的压缩比，一般压缩比高的汽油机应采用辛烷值高的汽油。

汽油机供给系统的功用是根据发动机各种不同工况的要求，配制出一定数量和浓度的可燃混合气，然后供入气缸，使之在临近压缩终了时点火燃烧而膨胀做功，最后将燃烧废气排入大气中。如何根据发动机的工作要求配制出不同浓度、不同数量、具有较高雾化质量的可燃混合气，是汽油供给系统所要解决的主要问题。

4.1.2　可燃混合气

1. 可燃混合气浓度的表示方法

按一定比例混合的汽油和空气的混合物，称为可燃混合气。可燃混合气中燃油含量的多少称为可燃混合气浓度。可燃混合气的成分通常有如下表示方法。

1）空燃比 R

将实际吸入发动机中空气的质量与燃料的质量比值称为空燃比 A/F（air/fuel ratio），用符号 R 表示（欧美国家采用），空燃比即燃烧 1kg 燃料实际供给的空气量。理论上，1kg 汽油完全燃烧需 14.7kg 空气。故对汽油机而言，将空燃比为 14.7 的可燃混合气称为理论混合气；若空燃比小于 14.7，则说明汽油有余，称为浓混合气；若空燃比大于 14.7，则说明空气有余，称为稀混合气。

2）过量空气系数 Φ_a

将燃烧 1kg 燃料实际供给的空气质量与理论上完全燃烧 1kg 燃料所需的空气质量之比称为过量空气系数（excess-air coefficient），用符号 Φ_a 表示。$\Phi_a=1$ 的可燃混合气为理论可燃混合气；$\Phi_a<1$ 的可燃混合气为浓可燃混合气；$\Phi_a>1$ 的可燃混合气则为稀可燃混合气。

2. 可燃混合气成分对发动机性能的影响

可燃混合气是指空气与燃料的混合物，除了数量之外，它的成分对发动机的动力性、经济性与排放性等都有很大的影响。

1）理论混合气（$\Phi_a=1$）

当 $\Phi_a=1$ 时，理论上气缸中所含空气中的氧正好能使其中的燃料完全燃烧。但实际上，由于气缸中可燃混合气的成分不可能绝对均匀地分布，残余废气的存在也影响火焰中心的形成和火焰的传播，即使 $\Phi_a=1$ 的可燃混合气也不可能得到完全燃烧。

2）稀混合气（$\Phi_a > 1$）

当 $\Phi_a > 1$ 时，可使所有汽油分子获得足够的氧气而完全燃烧。对应于燃料消耗率最低时的可燃混合气称为经济混合气。对不同的汽油机，经济混合气的成分一般在 $\Phi_a = 1.05 \sim 1.15$。然而，空气过量后因燃烧速度减小、热损失增加而使平均有效压力和发动机的功率略有下降。若混合气过稀（图 4.1 中 $\Phi_a > 1.11$），会因燃烧速度的进一步减小而造成加速性能变坏，不能对发动机供给这种过稀的可燃混合气。

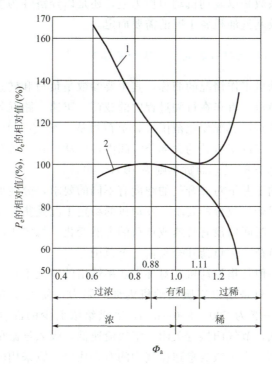

图 4.1　可燃混合气浓度对发动机性能的影响

1—P_e-Φ_a 曲线；2—b_e-Φ_a 曲线

3）浓混合气（$\Phi_a < 1$）

当 $\Phi_a < 1$ 时，因可燃混合气中汽油分子较多而使燃烧速度加快，热损失减小。将发动机输出功率最大时的可燃混合气称为功率混合气。对不同的汽油机，功率混合气的成分一般在 $\Phi_a = 0.85 \sim 0.95$。这时因可燃混合气中空气含量不足，致使其燃烧不完全，经济性较差。若可燃混合气过浓（图 4.1 中 $\Phi_a < 0.88$），因燃烧不完全，产生大量的一氧化碳，在高温高压气体的作用下析出游离的碳粒，导致燃烧室积炭、排气管放炮及冒黑烟。

4）燃烧极限

当可燃混合气太稀（$\Phi_a \geqslant 1.4$）或太浓（$\Phi_a \leqslant 0.4$）时，虽然混合气能点燃，但是火焰无法传播，导致发动机运转不稳定，直至熄火。故将此时的 Φ_a 值分别称之为火焰传播下限和火焰传播上限。

发动机转速一定和节气门全开的条件下，改变混合气的浓度 Φ_a 值，得到相应的发动机功率 P_e 和燃油消耗率 b_e 随 Φ_a 变化的曲线（图 4.1 中的 2 曲线和 1 曲线）。图 4.1 中纵坐

标为 P_e 和 b_e 的相对值，对 P_e 而言，以各个不同的功率之中的最大值为 100%；对 b_e 来说，以各个燃油消耗率中的最小值为 100%。图 4.1 表明：功率点与经济点并不对应，当 Φ_a = 1.11 时燃油消耗率最低，经济性最好，而当 Φ_a = 0.88 时，发动机输出的功率最大；可燃混合气过浓（Φ_a < 0.8）、过稀（Φ_a > 1.15）时，发动机的动力性、经济性均不理想；为兼顾发动机的动力性和经济性，可燃混合气的成分在 Φ_a = 0.88～1.11 最有利。

实际使用中，在一定的工况下（负荷和转速），燃料供给系统只能供给一定浓度的可燃混合气。过量空气系数是以发动机动力性为主，还是以经济性为主，或是将排放控制放在首位，应根据汽车及其汽油机各工况的需要而定。

3. 汽车发动机各种工况对可燃混合气成分的要求

发动机工况是发动机工作情况的简称，其主要参数是负荷和转速，转速一定时，负荷可以用节气门开度来衡量。汽车在行驶过程中的载荷、车速、路况等经常变化。因此汽车发动机工作时有以下特点：工况变化范围大，负荷可从 0 变到 100%，转速可从最低稳定转速变化到最高转速；在汽车行驶的大部分时间内，发动机在中等负荷下工作。乘用车发动机的负荷经常是 40%～60%，而货车则为 70%～80%。

车用汽油机在不同工况下对混合气的浓度有不同的要求，分述如下：

（1）稳定工况对混合气成分的要求。发动机的稳定工况是指发动机已经完成预热，转入正常运转，且在一定时间内没有转速或负荷的突然变化。稳定工况可按负荷大小划分为怠速和小负荷、中等负荷、大负荷和全负荷三个范围。

怠速工况：怠速一般是指发动机在对外无功率输出的情况下以最低转速运转，此时混合气燃烧后所做的功，只是用以克服发动机内部的阻力，使发动机保持最低转速稳定运转。汽油机怠速转速一般为 700～900r/min，需供给浓而少的混合气（Φ_a = 0.6～0.8）。这是因为发动机转速低，节气门接近关闭，空气流速低，吸入气缸的混合气数量很少，气缸内废气比例相对提高。为了减少怠速排气中的有害成分，宜采用较高的怠速转速。

小负荷工况：当发动机节气门略开启而转入小负荷工况时，新鲜混合气的品质逐渐改善，废气对混合气的稀释作用逐渐减弱，因而混合气浓度可以减小至 0.7～0.9。Φ_a 值应随节气门的开度增大而变大（稀）。

中等负荷工况：车用发动机在大部分工作时间内处于中等负荷状态。在此情况下，节气门有足够的开度，燃油经济性要求是首要的，Φ_a = 0.9～1.1，Φ_a 值应随节气门开度的加大而加大，供给多而稀的混合气。其原因是：节气门开度加大，进入气缸的混合气量增多，残余废气量相对减少，燃烧速度变快，热损失较小，可以用稀的混合气；混合气成分虽稀，但数量增多，发动机功率随混合气数量增多而增大，功率损失不多，节油的效果却很明显。

大负荷和全负荷工况：汽车需要克服较大的阻力而要求发动机能发出尽可能大的功率时，驾驶人往往将加速踏板踩到底，使节气门全开，发动机在全负荷下工作。节气门开度达 85% 以上是获得最大功率的工况。这时，要求能供给相应于最大功率的浓混合气。Φ_a = 0.8～0.9，即多而浓的混合气。这是因为：此时应以动力性为主，经济性则退居次要地位。

如图 4.2 所示，曲线 3 表示发动机转速一定时混合气成分随发动机负荷（节气门开度）而变化的规律，称为理想可燃混合气特性。它表明：① 曲线 3 的中部在较大节气门开度范围内为稀混合气，两端在较小范围内为浓混合气，开度小的一端逐渐由浓变稀，开度大的一端迅速由稀变浓；② 曲线 3 满足了正常工况下混合气量变和质变的要求，即自动调节、变化连续、过渡圆滑等性能。

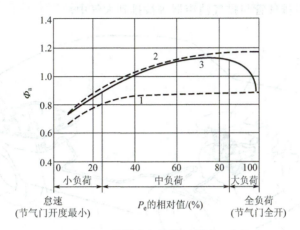

图 4.2　可燃混合气特性（转速一定）

1—相应于最大功率的 Φ_a 值；2—相应于最小燃油消耗率的 Φ_a 值；3—理想可燃混合气特性

（2）过渡工况。汽车在运行中主要的过渡工况有冷起动、暖机、加速及急减速等几种。它们对混合气成分各有特殊的要求。

起动工况：冷发动机起动，需供给极浓的混合气，$\Phi_a = 0.2 \sim 0.6$。这是因为：起动转速极低（100r/min），进气道内气流速度小，汽油雾化条件差，从而使气缸内混合气过稀，以致无法燃烧；机体温度低，汽化条件和着火条件都不好。特别是在冷起动时，汽油呈油粒状附在进气管壁上。为此，要求供给极浓的混合气，以保证进入气缸内的混合气中有足够的汽油蒸气，使发动机得以顺利起动。

暖机：冷起动后，发动机各气缸开始自动运转，发动机温度逐渐上升（暖机），直到接近正常温度、发动机能稳定地急速运转为止。在暖机过程中，供给的混合气 Φ_a 值应随着温度的升高，从起动时的极小值逐渐加大到稳定急速所要求的数值为止。

加速工况：发动机的加速是指负荷突然迅速增加的过程。当加速时，驾驶人猛踩加速踏板，使节气门开度突然加大，以期发动机功率迅速增大。当节气门突然开大时，需供给额外的燃油，以防止混合气瞬间变稀，恶化加速性能。

4.1.3　汽油机燃料供给系统的组成

1. 化油器式汽油机供给系统的组成

一般化油器式汽油机供给系统由下列装置组成（图 4.3）：

（1）汽油供给装置，包括油箱 7、汽油滤清器 5、汽油泵 4 和油管 6 等。

（2）空气供给装置，即空气滤清器 2。

（3）可燃混合气形成装置，即化油器 1。

（4）可燃混合气供给装置，包括进气管 3。

汽油泵 4（图 4.3）将汽油自油箱 7 泵出，流经汽油滤清器 5，滤去所含杂质后，将汽油泵入化油器 1 中。空气则经空气滤清器 2 滤去所含灰尘后，流入化油器。汽油在化油器中实现雾化和蒸发，并与空气混合形成可燃混合气，经过进气管 3 分配到各个气缸。混合气燃烧生成的废气经排气管与排气消声器等被排到大气中。

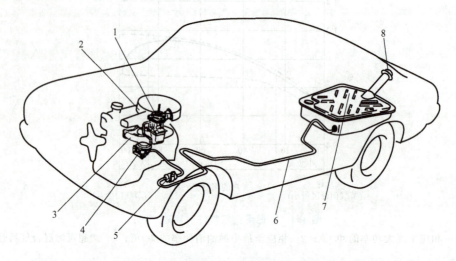

图 4.3　化油器式发动机的燃料供给系统

1—化油器；2—空气滤清器；3—进气管；4—汽油泵；5—汽油滤清器；
6—油管；7—油箱；8—油箱盖

2. 电控汽油喷射系统的组成

电控汽油喷射系统（Electronic Fuel Injection，EFI）由燃油供给系统、空气供给系统、电子控制系统组成。

1）燃油供给系统

燃油供给系统向气缸内供给燃烧时所需一定量的燃油。它的组成如图 4.4 所示，主要由汽油箱 2、汽油泵 1、汽油滤清器 8、汽油压力调节器 3 及喷油器 5 等组成。汽油泵将汽油从汽油箱吸出后经过汽油滤清器，除去杂质和水分。汽油压力调节器调节供油总管的油压（一般为 0.25～0.3MPa）后，送至各缸喷油器或低温起动喷油器。喷油器根据电控单元的喷油指令，把适量的汽油喷射到进气门附近，在进气行程时，汽油与空气形成的可燃混合气被吸入气缸内。

2）空气供给系统

空气供给系统为发动机可燃混合气的形成提供必要的空气，并测量和控制空气量。它主要由空气滤清器、空气流量传感器、进气总管及进气支管等组成。发动机在进气行程时，空气经空气滤清器、空气流量传感器和节气门进入各缸进气支管。驾驶人通过操纵节气门的开度来控制每个工作循环的进气量。发动机怠速时，节气门关闭，空气量由怠速旁通阀来控制，保证冷暖车时加大空气量，正常怠速时恢复怠速空气量。空气阀控制快怠速转速，也可由电控单元指令怠速控制阀控制怠速转速和快怠速转速。

汽油机燃料供给系统 第4章

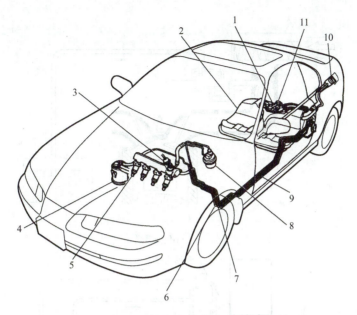

图4.4 电控发动机燃油供给系统

1—汽油泵；2—汽油箱；3—汽油压力调节器；4—汽油蒸发控制炭罐；5—喷油器；6—汽油蒸气管；7—汽油供给管；8—汽油滤清器；9—汽油回流管；10—油箱盖；11—双通阀

3）电子控制系统

电子控制系统主要由电控单元（Electronic Control Unit，ECU）、各种传感器及执行器三部分组成。电控单元是电子控制系统的核心，它的主要功用是控制和检测。电控单元一方面接收各个传感器传来的信号，另一方面又完成对这些信息的处理，并发出相应的指令控制执行器的动作。传感器负责把各种反映发动机工况和汽车运行状况的参数转变成电信号（电压或电流）提供给电控单元，使电控单元正确地控制发动机运转或汽车运行。执行器用来完成电控单元发出的各种指令，是电控单元指令的执行者。

3. 电控汽油喷射系统的优点

电控汽油喷射系统是利用电子控制技术控制喷油器，将一定数量和压力的汽油直接喷射到进气管道或气缸中，与进入的空气混合而形成可燃混合气的汽油机燃油供给装置。

化油器式燃油供给系统与电控汽油喷射系统的比较如图4.5所示。化油器式燃油供给系统可燃混合气的形成和控制是通过化油器实现的，进入燃烧室的混合气量与发动机负荷成一定的比例关系，混合气浓度可以根据发动机工况调节，但控制精度不高。电控燃油喷射系统通过空气流量计预先测定空气量，然后电控单元根据进气量的多少控制喷油器喷射燃油，吸入的空气与喷油器喷出的雾状汽油混合形成可燃混合气。

装有电控汽油喷射系统的发动机具有下列优点：

(1) 由于进气管道中没有喉管，提高了发动机的充气效率、功率和转矩。

(2) 对可燃混合气成分进行精确的控制，使发动机在任何工况下都处于最佳的工作状态。

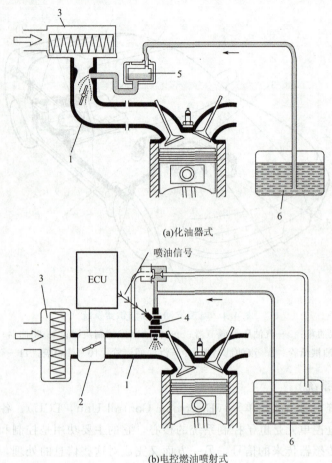

图 4.5 化油器与电控燃油系统的比较

1—进气管；2—空气流量传感器；3—空气滤清器；4—喷油器；5—化油器浮子室；6—燃油箱

（3）发动机各缸可燃混合气量的分配更加均匀，节省燃油并减少废气排放中的有害成分。

采用汽油喷射系统的发动机与传统的化油器式发动机相比，发动机的功率可提高 5%～10%，油耗降低 5%～10%，废气中有害排放含量减少 15%～20%，能满足目前严格的排放及燃料经济性法规的要求。

4.2　电控汽油喷射系统

4.2.1　系统分类

车用汽油喷射系统有多种类型，可按不同的方法进行分类。

（1）按喷射部位的不同，可分为缸外喷射系统和缸内喷射系统两种。

① 缸外喷射系统分为进气管喷射和进气道喷射,是将喷油器安装在进气管或进气道上,以 0.1～0.35MPa 的喷射压力将汽油喷入进气管或进气道内。

进气管喷射系统的喷油器安装在节气门体上(图 4.6),节气门体安装在进气支管的上部,相当于化油器式发动机安装化油器的位置。因此,进气管喷射又称节气门体喷射(Throttle Body Injection,TBI)。由于一台发动机只装有 1 个或 2 个喷油器在节气门体上,汽油喷入进气管后与进气气流混合,形成的可燃混合气由进气支管分配到各个气缸,所以又称这种喷射方式为单点喷射(Single Point Injection,SPI)。

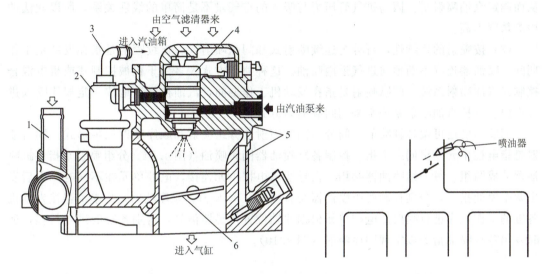

图 4.6　进气管喷射(节气门体喷射,单点喷射)
1—空气阀;2—油压调节器;3—回油管;4—喷油器;5—节气门体;6—节气门

进气道喷射系统是每个气缸设置一个喷油器,各个喷油器分别向各缸进气道(进气门前方)喷油(图 4.7)。这种喷射方式又称多点喷射(Multi Point Injection,MPI)。

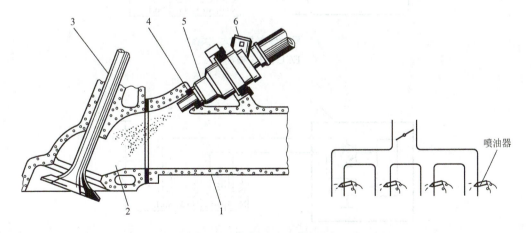

图 4.7　进气道喷射(多点喷射)
1—进气支管;2—进气道;3—进气门;4—密封圈;5—喷油器;6—接线柱

② 缸内喷射也称直接喷射,是通过安装在气缸盖上的喷油器,将汽油直接喷入气缸内。这种喷射系统需要较高的喷射压力,为 3~5MPa。

(2) 按进气量的检测方式不同,可分为流量型喷射系统和压力型喷射系统两种。流量型喷射系统以质量-流量方式检测进气量,即用空气流量计直接检测出进气管的空气流量,用测得的空气流量除以发动机的转速而得每一循环的空气量,由此算出每一循环的汽油喷射量。此方法检测精度高,目前使用较广泛。压力型喷射系统以速度-密度方式检测进气量,即通过压力传感器测出进气管的压力,再根据发动机的转速间接地推算出进气流量,从而确定汽油喷射量。因为进气管压力与吸入的空气量不是简单的线性关系,所以此法的检测精度不高。

(3) 按喷射的连续性,可分为连续喷射式和间歇喷射式。连续喷射是指在发动机工作期间,喷油器连续不断地向进气道内喷油。这种喷射方式大多用于机械控制式或机电混合控制式汽油喷射系统。间歇喷射是指在发动机工作期间,汽油被间歇地按一定规律喷入进气道内。电控汽油喷射系统都采用间歇喷射方式。

间歇喷射还可按各缸喷射时间分为同时喷射、分组喷射和顺序喷射三种形式。同时喷射是指电控单元发出同一个指令控制各缸喷油器同时喷油(图 4.8)。分组喷射是指各缸喷油器分成两组,每一组喷油器共用一根导线与电控单元连接,电控单元在不同时刻先后发出两个喷油指令,分别控制两组喷油器交替喷射(图 4.9)。顺序喷射是指喷油器按发动机各缸的工作顺序进行喷射。电控单元根据曲轴位置传感器信号,辨别各缸的进气行程,适时发出各缸喷油指令以实现顺序喷射(图 4.10)。

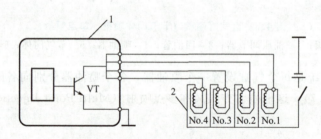

图 4.8 同时喷射控制方式电路
1—ECU;2—喷油器

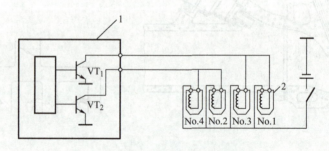

图 4.9 分组喷射控制方式电路
1—ECU;2—喷油器

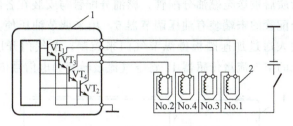

图 4.10　顺序喷射方式控制电路
1—ECU；2—喷油器

4.2.2　工作原理

电控汽油喷射系统是以电控单元为控制中心，利用安装在发动机上不同部位的传感器，测出发动机的各种运行参数，精确地计算进入气缸的空气量，再按照电控单元中预存的控制程序精确地控制喷油，使发动机在各种工况下都能获得最佳浓度的混合气，以求得最佳的动力性、经济性及排放性。发动机电控汽油喷射系统工作原理如图 4.11 所示。

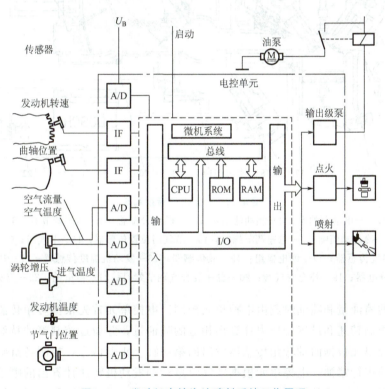

图 4.11　发动机电控汽油喷射系统工作原理

1. L 型汽油喷射系统

L 型汽油喷射系统是多点、间歇式汽油喷射系统。它以发动机的进气量和发动机转速作为基本控制参数，从而提高了喷油量的控制精度。L 型汽油喷射系统的组成如图 4.12 所示。汽油箱 1 内的汽油被电动汽油泵 2 吸出并加压至一定压力（0.25～0.35MPa），经汽油滤清器3滤除杂质后被送至燃油分配管。燃油分配管与安装在各缸进气支管上的喷油器7相通。在燃油分配管的末端装有油压调节器5，用来调节油压使其保持稳定。发动机的进气量由汽车驾驶人通过加速踏板操纵节气门来控制。节气门开度越大，进气量就越多，安装在进气管上的空气流量传感器12将空气流量转变为电信号传输给电控单元6。

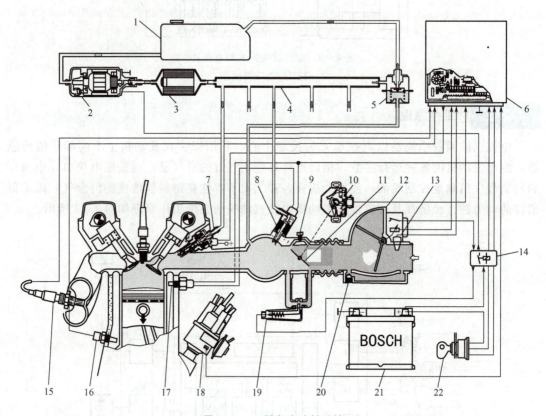

图 4.12　L型汽油喷射系统

1—汽油箱；2—电动汽油泵；3—燃油滤清器；4—燃油分配管；5—油压调节器；6—电控单元；7—喷油器；8—冷起动喷嘴；9—怠速调节螺钉；10—节气门位置传感器；11—节气门；12—空气流量计；13—进气温度传感器；14—继电器组；15—氧传感器；16—发动机温度传感器；17—热时间开关；18—分电器；19—补充空气阀；20—怠速混合气调节螺钉；21—蓄电池；22—点火开关

喷油器的喷油量和喷油时刻由电控单元控制。电控单元首先根据转角传感器确定发动机转速，再根据转速和进气管压力计算出相应的喷油量，并通过控制喷油持续时间来控制喷油量。电控单元根据曲轴转角传感器发出的第一缸上止点信号，控制各缸喷油器在进气行程开始之前进行喷油。电控单元根据空气流量计和发动机转速计算出的喷油量是基本喷油量，尚须根据发动机的运行状况加以修正，以满足发动机各种运行工况对混合气成分的要求。

当发动机怠速工作时，节气门接近关闭，节气门位置传感器10中的怠速触点闭合，这时电控单元指令喷油器增加喷油量，供给发动机较浓的混合气，以维持怠速运转的稳定性，并将怠速的有害排放控制在最低水平。发动机在中小负荷下运转时，电控单元根据发动机温度传感器16和进气温度传感器13传输来的发动机温度和进气温度信号，对基本喷油量进行修正,修正后的喷油量满足向发动机供给经济混合气的要求。发动机在全负荷下工作时,节气门全开,节气门位置传感器中的全负荷触点闭合。电控单元按照供给发动机功率混合气的要求增加喷油量,实现全负荷加浓,以使发动机发出最大功率。

2. D型汽油喷射系统

D型汽油喷射系统是最早应用在汽车发动机上的电子控制多点间歇式汽油喷射系统,其基本特点是以进气管压力和发动机转速作为基本控制参数,用来控制喷油器的基本喷油量。D型汽油喷射系统的组成如图4.13所示。

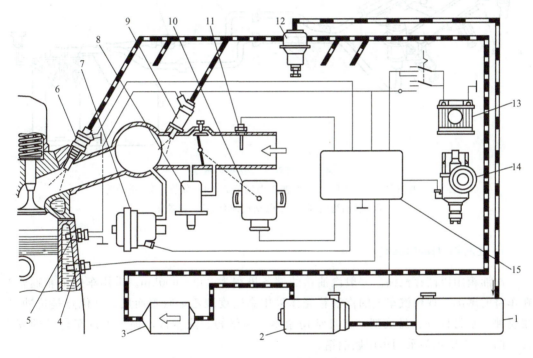

图4.13　D型汽油喷射系统

1—汽油箱；2—电动汽油泵；3—汽油滤清器；4—发动机温度传感器；5—热时间开关；6—喷油器；
7—进气管压力传感器；8—补充空气阀；9—冷起动喷嘴；10—节气门位置传感器；
11—进气温度传感器；12—油压调节器；13—蓄电池；14—分电器；15—电控单元

D型汽油喷射系统的工作原理与L型汽油喷射系统类似。汽油箱1内的汽油被电动汽油泵2吸出并加压至0.25MPa左右,经汽油滤清器3滤除杂质后被送至燃油分配管。燃油分配管与安装在各缸进气支管上的喷油器6相通。在燃油分配管的末端装有油压调节器12,用来调节油压使其保持稳定。发动机的进气量由汽车驾驶人通过加速踏板操纵节气门来控制。节气门开度越大,进气量就越多,进气管压力也越大,反之亦然。安装在进气管上的进气管压力传感器7将进气管压力转变为电信号传输给电控单元15。D型汽油喷油系统结构简单,工作可靠；但控制精度稍差,当大气状态有较大变化时,汽车加速反应不良。现代汽车发动机上所使用的D型汽油喷射系统都是经过改进的,如采用运算速度快、内存容量大的微机,完善控制功能等。

4.2.3 汽油供给系统

电控汽油喷射系统的燃油供给系统由汽油箱、电动汽油泵、汽油滤清器、燃油分配管、油压调节器、喷油器、冷起动喷嘴和输油管等组成（图4.14）。

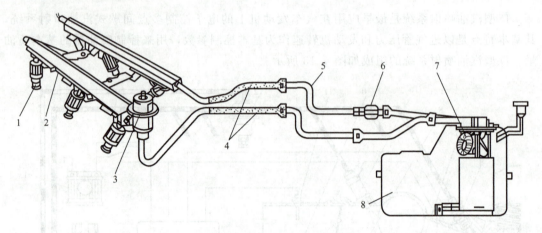

图4.14 燃油供给系统组成图

1—喷油器；2—油道；3—燃油压力调节器；4—软管；5—进油管；
6—燃油滤清器；7—电动汽油泵；8—汽油箱

1. 汽油箱（fuel tank）

汽油箱用以储存汽油。一般汽油箱的储备里程为200～600km。乘用车的油箱通常装在车身的尾部。现代汽车上的汽油箱壳体采用高密度聚乙烯吹塑而成，其优点是抗冲击、耐腐蚀、密封性好、易成型，并且结构紧凑、质量轻、成本低，提高了汽车行驶的安全性。图4.15所示为乘用车用燃油箱。

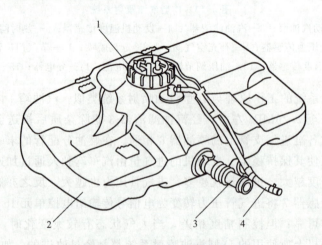

图4.15 本田飞度乘用车燃油箱

1—电动汽油泵；2—燃油箱体；3—加油管；4—输油管

2. 电动汽油泵 (electric fuel pump)

电动汽油泵的功用是供给各喷油器及冷起动喷油器所需要的燃油。在电子控制汽油喷射系统中应用的电动汽油泵通常有两种类型，即滚柱式电动汽油泵和叶片式电动汽油泵。

滚柱式电动汽油泵如图 4.16 所示。泵壳的一端是进油口 1，另一端是出油口 6。进油口一侧的滚柱泵由泵壳中间的驱动电动机高速驱动。转子 9 偏心地安装在泵体 7 内，滚柱 8 装在转子的凹槽中。当油泵旋转时，由于离心力的作用，转子槽内的滚子向外移动，紧靠在偏心设计的泵体壁面上。同时在惯性力的作用下，滚柱总是与转子凹槽的一个侧面贴紧，从而形成若干个工作腔。工作过程中，进油口一侧的工作腔容积增大，成为低压吸油腔，汽油经进油口被吸入工作腔内。在出油口一侧的工作腔容积减小，成为高压油腔，高压汽油从压油腔经出油口流出。油泵出油口处有一单向阀，在油泵不工作时阻止燃油倒流回燃油箱，以保持发动机停机后的燃油压力，便于再次起动。出油口处的缓冲器用来减小出油口处的油压脉动和运转噪声。这种油泵的最大泵油压力可达 0.45MPa 以上。若因汽油滤清器堵塞等原因使油泵出油口一侧油压过高，与油泵一体的限压阀即被顶开，使部分燃油回到进油口一侧，以保护电动汽油泵。

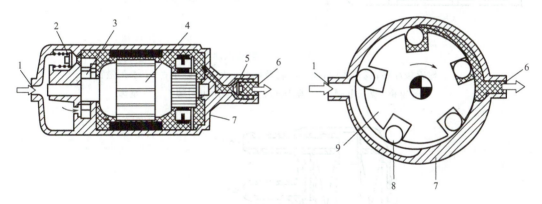

图 4.16　滚柱式电动汽油泵
1—进油口；2—限压阀；3—汽油泵；4—电动机；5—单向止回阀；
6—出油口；7—泵体；8—滚柱；9—转子

叶片式电动汽油泵结构如图 4.17 所示。叶轮 3 是一个圆形平板，在平板的圆周上加工有小槽，形成泵油叶片。叶轮旋转时，小槽内的汽油随同叶轮一同高速旋转。由于离心力的作用，使出口处油压增高，而在进口处产生真空，从而使汽油从进口吸入，从出口排出。叶片式电动汽油泵运转噪声小，油压脉动小，泵油压力高，叶片磨损小，使用寿命长。

3. 汽油滤清器 (fuel filter)

汽油滤清器用来去除汽油中的水分和杂质，以免使系统堵塞而发生故障。

汽油滤清器由滤清器外壳、滤芯及进、出油管接头等组成。滤清器外壳有塑料和金属两种。滤芯除有尼龙布、聚合粉末塑料和纸质滤芯外，还有金属片缝隙式和多孔陶瓷式滤芯。汽油滤清器的构造示意图如图 4.18 所示。它由壳体 2、纸滤芯 1 等组成。壳体 2 上有进油管接头 A 和出油管接头 B。纸滤芯 1 装在壳体内。

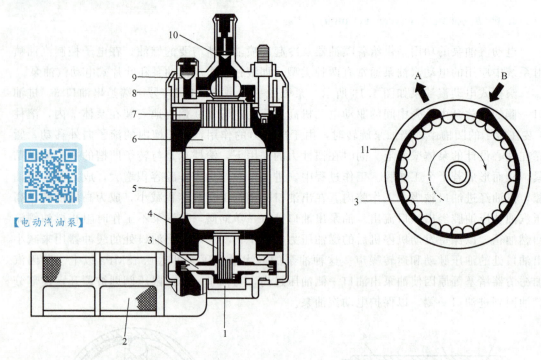

图 4.17　叶片式电动汽油泵

1—橡胶缓冲垫；2—滤网；3—叶轮及叶片；4、8—轴承；5—永久磁铁；
6—电枢；7—电刷；9—限压阀；10—单向止回阀；11—泵体

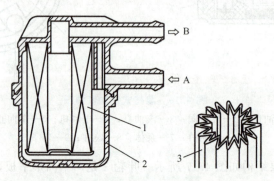

图 4.18　汽油滤清器

1、3—纸滤芯；2—壳体；A—进油管接头（自油箱）；B—出油管接头（至汽油泵）

发动机工作时，燃油在汽油泵的作用下，经进油管接头 A 流入，由于水的密度大于汽油，因此水分及较重的杂质颗粒沉淀于壳体内底部，较轻的杂质随燃油流向滤芯，被粘附在滤芯上，而清洁的燃油通过纸滤芯渗入滤芯的内腔，然后从出油管接头 B 流出。纸滤芯是特制折叠的纸质滤芯 3。由于纸质滤清器的性能良好，制造和使用方便，故目前广泛采用。

4. 燃油分配管（fuel distribution tube）

燃油分配管的功用是将汽油均匀、等压地输送给各缸喷油器；还有储油蓄压、减缓油压脉动的作用。燃油分配管总成用螺栓安装在进气支管下部的固定座上，与喷油器相连，并向喷油器分配燃油。燃油由燃油泵泵出，经脉冲缓冲器，流入燃油分配管。燃油压力调节器保持正常的系统压力，多余的燃油从燃油压力调节器出油口流回油管返回燃油箱。

5. 燃油压力调节器（fuel pressure regulator）

燃油压力调节器的功用是调节至喷油器的燃油压力，使油路中的燃油压力与进气管压力之差保持常数，从喷油器喷出的燃油量便唯一地取决于由电脉冲宽度控制的喷油器的开启时间，如图 4.19 所示。膜片 4 将油压调节器分隔成上下两个腔。上腔有进油口 1 连接燃油分配管，回油口 2 与汽油箱连通。下腔通过真空接管 6 与节气门后的进气管相连。当燃油压力与进气管压力之差超过预调的压力值时，膜片上方的燃油就推动膜片向下压缩弹簧，打开回油阀，超压的燃油流回燃油箱，以保持一定的燃油压力。燃油供给系统的压力与进气管压力之差由油压调节器中的弹簧 5 的弹力限定，调节弹簧预紧力即可改变两者的压力差，也就是改变喷油压力。

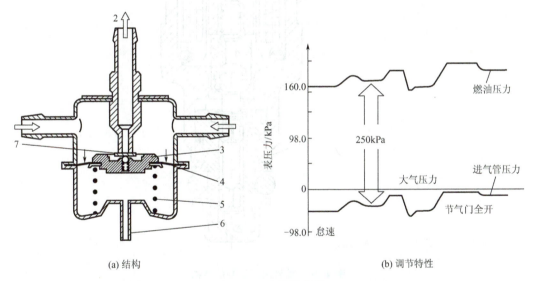

图 4.19 油压调节器

1—进油口；2—回油口；3—阀座；4—膜片；5—弹簧；6—真空接管（接进气管）；7—平面阀

6. 喷油器（injector）

喷油器的功用是按照电控单元的指令将一定量的汽油适时地喷入进气道或进气管内，并与其中的空气混合形成可燃混合气。

轴针式喷油器的结构如图 4.20 所示，喷油器体内有一个电磁线圈 3，喷油器头部的针阀 6 与衔铁 5 结合成一体。电控单元以电脉冲的形式向喷油器输出控制电流（图 4.21）。当电控单元送来电流信号时，电磁线圈通电，产生电磁力，吸起铁心与针阀，将燃油通过精确设计的轴针头部环形间隙喷出，在喷油器头部前端将燃油粉碎雾化，与空气混合，在发动机进气行程中被吸入气缸。电控单元利用电脉冲的宽度来控制喷油器每次打开喷油的时间,从而控制喷油量。一般喷油器针阀升程约为 0.1mm,而喷油持续时间在 2~10ms。

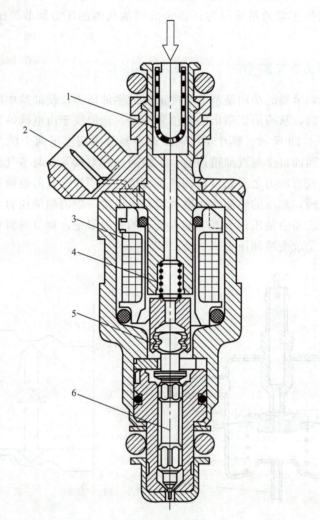

图 4.20 轴针式喷油器的结构
1—滤网;2—电接头;3—电磁线圈;4—复位弹簧;5—衔铁;6—针阀

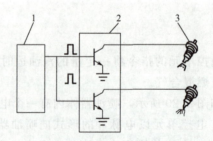

图 4.21 控制喷油器的输出回路
1—微机;2—输出回路;3—喷油器

4.2.4 空气供给系统

电控汽油喷射系统的空气系统主要包括空气流量传感器、怠速控制阀、节气门及空气滤清器等（图4.22）。

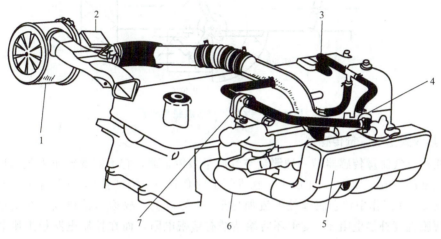

图 4.22 空气供给系统

1—空气滤清器；2—空气流量传感器；3—PCV 管；4—怠速开关控制传感器；
5—进气总管；6—进气支管；7—空气阀

1. 空气流量传感器（air flow meter）

空气流量传感器的功用是测量进入发动机的空气流量，并将测量的结果转换为电信号传输给电控单元。空气流量传感器可分为两种：一种是直接测量空气体积流量的传感器，如叶片式空气流量传感器、卡门涡流式空气流量传感器；另一种是直接测量空气质量流量的传感器，如热线式空气流量传感器、热膜式空气流量传感器。若采用体积流量传感器测定空气容积流量，还必须进行修正，往往与进气温度传感器和绝对压力传感器一起使用。

1）叶片式空气流量传感器

叶片式空气流量传感器的结构原理如图4.23所示。在空气流量计壳体内有空气主流道和旁通空气道。在主流道内装有流量板（叶片）和缓冲板。在没有空气流过的情况下，卷簧总是使叶片处于关闭主流道的位置。进气量越大，气流对叶片的推力越大，叶片的开启角度也就越大。叶片上装有电位器，它把叶片开启角度的变化（即进气量的改变）转变成电阻值大小的变化。电位器与电控单元相连，电控单元根据电位器电阻的变化或作用在电位器上电压的变化，测出发动机进气管空气量的多少。

空气流量传感器进气通道旁还设有一个旁通空气道。经此气道进入发动机的气流不对叶片产生推力，即不经过叶片的计量就进入发动机。发动机怠速运转时，叶片处于接近关闭状态，此时经旁通空气道进入发动机的气流占很大比例。在空气流量传感器空气道上还设置了一个怠速调节螺钉，该螺钉可以调整怠速时旁通空气道的空气量的大小，旋出该螺钉，空气流量增加；反之，空气流量减少。这样可实现对怠速工况时的可燃混合气浓度的调整。

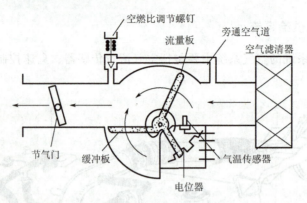

图 4.23 叶片式空气流量传感器

2) 热线式空气流量传感器

热线式空气流量传感器是一种测量空气质量型传感器,它不需要校正大气温度、压力对测量精度的影响。如图 4.24 所示,在进气道内套有一个测试管 2,小管架有一根极细的铂金属丝 3,在工作中铂金属丝被电流加热至 100℃以上,故称为铂热线。在支承环前端装有铂薄膜温度补偿电阻 4,支承环后端粘结有精密电阻,而在控制电路板上则装有高阻值电阻。铂热线、温度补偿电阻、精密电阻和高阻值电阻构成惠斯通电桥电路中的 4 个臂(图 4.25)。电路调节供给 4 个臂的电流使电桥保持平衡。

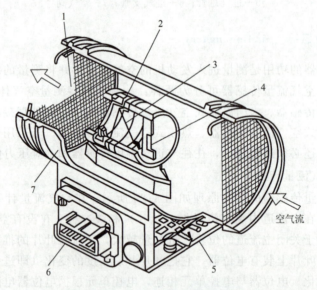

图 4.24 热线式空气流量传感器

1—金属防护网;2—测试管;3—铂金属丝(热线);4—温度补偿电阻;
5—控制电路板;6—电源插座;7—壳体

空气流过时热线受到一定冷却,其电阻值随之减少,同时使电桥电路的电压也发生变化,这一信号输入电控单元,用来指示通过空气流量传感器的空气量。这时电路将自动增加供给铂热线的电流,以使其恢复原来的温度,直至电桥恢复平衡。流过铂热线的空气流量越大,混合电路供给铂热线的加热电流也越大。加热电流通过精密电阻产生的电压降作

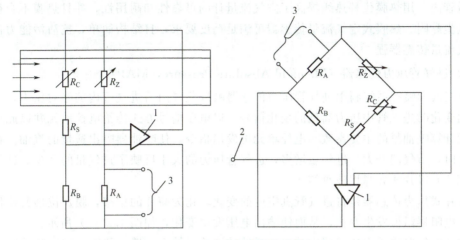

图 4.25　热线式空气流量传感器电路
1—放大器；2—电源；3—输出信号

为电压输出信号传输给电控单元，电压降的大小即是对空气流量的度量。由于热线的冷却效果随着进入空气温度变化而不同，因此需要进行温度补偿，图 4.25 中的 R_C，就是作温度补偿用的电阻（也称为冷线），一般将铂热线通电加热到高于温度补偿电阻温度 100℃。温度补偿电阻的阻值随进气温度发生变化，起到一个参照的作用，使进气温度的变化不影响测量精度。

热线式空气流量传感器测量精度高，响应特性较好，因为没有运动件而无磨损，所以进气阻力小；但热线表面沾污的尘埃影响测量精度。为克服上述缺点，可在电控单元中设计自洁电路，在发动机熄火后 4s 内，控制电路发出电流，使热线通电，约 1s 内迅速升温高达 1000℃ 左右，烧掉黏附在热线上的污物。

3）热膜式空气流量传感器

热膜式空气流量传感器与热线式空气流量传感器的结构和工作原理基本相同（图 4.26）。它将热线、温度补偿电阻及精密电阻用厚膜工艺镀在一块陶瓷基片上（称为热膜电阻）装

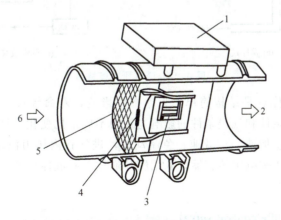

图 4.26　热膜式空气流量传感器
1—控制电路；2—通至发动机；3—热膜；4—温度传感器；5—金属网；6—来自空气滤清器

在测量管内。用热膜代替热线提高了空气流量计的可靠性和耐用性，并且热膜不会被空气中的灰尘黏附。热膜式空气流量传感器可满足精度要求，且结构简单，抗沾污能力比热线式空气流量传感器强。

4）进气管压力传感器（Manifold Absolute Pressure，MAP）

D型汽油喷射系统利用进气管压力传感器测量节气门后进气管内的绝对压力，它接收节气门变化时进气管中压力高低的变化信号，以电压信号方式传给电控单元并以此作为电控单元计算喷油量的主要参数。电控单元再发出指令，使喷油器喷出适量的汽油。在发动机工作时，节气门开大，进气量增多，进气管压力的大小反映了进气量的多少。进气管压力传感器有膜片式和弹性波纹筒式。

膜片式压力传感器是将进气管真空度的变化转化为膜片的位移，膜片位移又使传感器内可变电阻器阻值发生变化，从而使输出电压发生变化，如图4.27(a)所示。

弹性波纹筒式压力传感器由抽空的弹性波纹筒、铁心、感应线圈、定位弹簧和稳压孔组成，如图4.27(b)所示。波纹筒长度的变化使铁心位置发生变化，输出信号给电控单元。不同的铁心位置，感应出线圈中不同的电动势，对应不同的喷油量。当转速一定时，节气门开度增大，压力增大，波纹筒缩短，喷油量应加大；节气门开度减小，压力减小，波纹筒变长，喷油量应减小。当节气门开度一定时，转速升高，压力减小，波纹筒变长，喷油量减小；转速降低，喷油量增多。

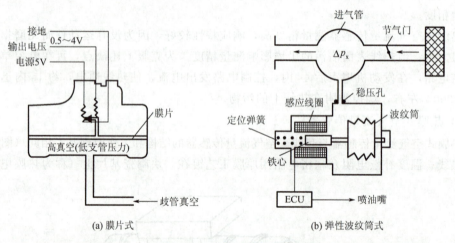

(a) 膜片式　　　　　　　　　　(b) 弹性波纹筒式

图4.27　进气压力传感器

压力型传感器的优点是结构简单，无摩擦件影响，寿命较长，可靠性较高。其缺点是：空气流量因地理条件和气候条件的影响与压力不成正比变化，计量精度稍差；由于发动机工况突变时，如急加速、急减速、急制动时，进气管内压力波动较大，有失控反应。为此，近年来采用了压敏电阻传感器，利用膜片通过硅胶液体传递压力的变化，使用性能明显提高。

2. 怠速控制阀（idle control valve）

在节气门体汽油喷射系统的节气门体上装有怠速控制阀（图4.28），其功用是自动调节发动机的怠速转速，使发动机在设定的怠速转速下稳定运转。步进电动机式怠速控制阀由步进电动机、螺旋机构和锥面控制阀等组成。螺旋机构中的螺母和步进电动机的转子制成一体，而螺杆和锥面控制阀制成一体。步进电动机中有几组励磁线圈，改变励磁线圈的通电顺序，可以改变电动机的旋转方向。步进电动机由电控单元控制。电控单元从发动机转速传感器获得发动机实际转速的信息，并将实际转速与预编程序中设定的转速相比较，根据两者的偏差向励磁线圈输出不同的控制脉冲电流。这时步进电动机或正转或反转一定的角度，并驱动螺杆和锥面控制阀或向前或向后移动一定的距离，使旁通空气道的通过断面或减小或增大，从而改变进气量，达到控制怠速转速的目的。

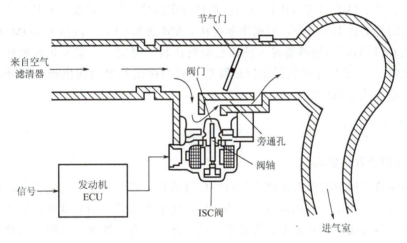

图 4.28　步进电动机式怠速控制阀原理图

4.2.5　电子控制系统

电控汽油喷射系统中的控制系统由电控单元、各种传感器、执行器，以及连接它们的控制电路所组成。

1. 电控单元

电控单元是电子控制单元的简称。它的功用是根据其内存的程序和数据对各种传感器输入的信息进行运算、处理、判断，然后输出指令，向喷油器提供一定宽度的电脉冲信号以控制喷油量。电控单元一般由中央处理器（CPU）、只读存储器（ROM）、可编程的只读存储器（PROM）、运行数据存储器（RAM）和输入/输出（I/O）接口等组成（图 4.11）。

CPU 是微机中运算器与控制器的总称，其特性基本反映了微机的性能。ROM 用来存储固定数据信息，即存放各种永久性程序和数据。如电控燃油喷射系统中控制程序软件、燃油基本喷射时间脉谱图、点火控制特性脉谱图及其他重要特性数据等，它们都是通过大量试验获得的。PROM 是在 ROM 的基础上增加编程和改写功能而生产出的。汽车上的微机使用 PROM 来存储一些只适用于少数汽车类型的信息，如特定的分电器点火调整、整车或发动机的调整数据等。有了这些存储器可使同一台微机适用不同车型的发动机成为可能。RAM 在微机中起暂时存储信息的作用。切断电源时，在 RAM 存入的全部数据完全消失。因此，为防止发动机运行时，有些需较长时间保存以备后用的信息（如发动机故障码）不致丢失，一些 RAM 都通过专用的电源后备电路与蓄电池直接连接，使其不受点火开关的控制。

当电控单元进入工作状态时，某些程序和步骤从 ROM 中取出，进入中央处理器（CPU），这些程序可包括燃油喷射控制、点火时刻控制或怠速控制等。在执行程序过程中，所需要的信息来自各传感器。从各个传感器输出的信号，首先经过输入回路，对其进行处理。传感器输送给输入回路的信号，若是模拟信号需经模/数（A/D）转换器转换成数字信号后，经 I/O 接口进入电控单元；若是数字信号，经 I/O 接口直接进入微机。大多数信息，暂时存储在 RAM 内，根据指令再从 RAM 送到 CPU。将存入 ROM（或 PROM）的参数引入 CPU 后，与传感器输入的信息进行比较，对每一个信号依次取样，并与参考数据进行比较。CPU 对这些数据比较运算后，做出决定并发出输出指令信号，经 I/O 接口和输出回路去控制执行器动作。

2. 传感器（sensor）

1) 节气门位置传感器

节气门位置传感器的作用是把节气门的位置或开度转换成电压的信号，传输给电控单元，作为电控单元判定发动机运行工况的依据，实现不同节气门开度下的喷油量控制。节气门位置传感器有线性、开关型及综合型（既有开关又有线性可变电阻）三种。节气门位置传感器装在节气门体上，与节气门联动。节气门位置传感器内部是一种滑动电位计，由节气门轴带动电位计的滑动触点，结构如图 4.29 所示。不同的节气门开度，电位计的电阻值不同，从而将节气门的开度转变为电阻或电压信号输送给微机。微机通过节气门位置传感器可获得表示节气门由全闭到全开的所有开启角度的连续变化的模拟信号，以及节气门开度的变化速率，从而更精确地判定发动机的运行工况，提高控制精度和效果。为了准确检测怠速工况（节气门全关状态）的信号，综合型节气门位置传感器有一个怠速触点。节气门全闭时，怠速触点接通，传感器输出怠速信号，这时电控单元将指令喷油器增加喷油量以加浓混合气。

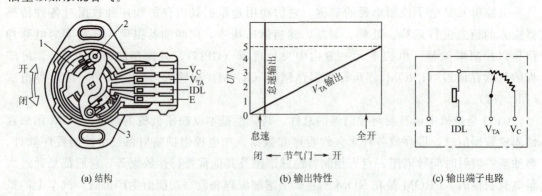

(a) 结构　　　　　　　　　(b) 输出特性　　　　　　　　　(c) 输出端子电路

图 4.29　综合型节气门位置传感器

1—电阻膜；2—节气门开度输出动触点；3—怠速动触点

2)冷却液温度传感器

冷却液温度传感器安装在发动机机体或气缸盖上,与冷却液接触,用来检测发动机循环冷却液的温度,并将检测结果传输给电控单元以便修正喷油量和点火定时。冷却液温度传感器常采用对温度变化非常敏感的热敏电阻制成,其结构及与电控单元的连接如图4.30所示。传感器的两根导线都和电控单元连接,其中一根为搭铁线。热敏电阻经常采用负温度系数电阻,冷却液温度越低,热敏电阻阻值越大,电控单元根据这一信号,增加喷油量,使可燃混合气浓度增加;反之,减少喷油量。

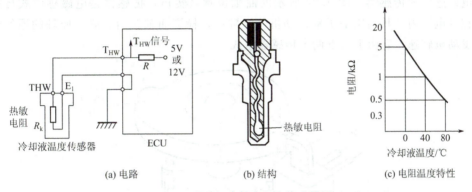

图 4.30　发动机冷却液温度传感器图

3)进气温度传感器

进气温度传感器(图4.31)通常安装在空气流量计上,用来测量进气温度。进气温度传感器与空气流量传感器相配合,测量空气温度的变化,以确定空气密度的变化,进而获得较精确的空气质量流量及空燃比。并将温度变化的信息传输给电控单元作为修正喷油量

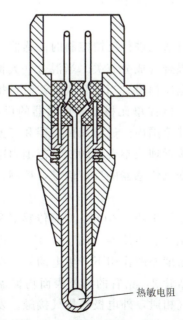

图 4.31　进气温度传感器

的依据之一。进气温度传感器内部也是一个热敏电阻,其电阻温度特性、构造、工作原理及与电控单元的连接方式均与发动机冷却液温度传感器相同。

4) 曲轴位置和转角传感器

曲轴位置和转角传感器用来检测第一缸和各缸压缩上止点位置信号、曲轴转角及发动机转速,作为控制点火和喷射的信号源。曲轴位置和转角传感器的安装位置因车而异,通常安装在分电器内,有时安装在曲轴前端或曲轴后端。曲轴位置传感器有电磁感应式、光电式和霍尔效应式三种。这里仅介绍电磁感应式曲轴位置传感器。

电磁感应式传感器:图4.32所示的曲轴位置(转角)传感器是电磁感应式传感器,安装在分电器内。其功用是辨别发动机气缸顺序,检测曲轴转角,确定曲轴的原始位置,检测发动机转速。它由上、下两个传感器组成。

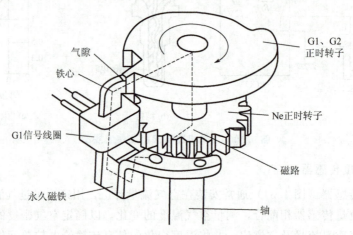

图4.32 磁感应式曲轴位置传感器

5) 氧传感器

氧传感器是电控汽油喷射系统进行反馈控制的传感器,安装在排气管上。排气中氧分子的浓度与进入发动机的混合气成分有关。当混合气太稀时,排气中氧分子的浓度较高,氧传感器便产生一个低电压信号;当混合气太浓时,排气中氧分子的浓度低,氧传感器将产生一个高电压信号。电控单元根据氧传感器的反馈信号,不断地修正喷油量,使混合气成分始终保持在最佳范围内。通常氧传感器和三元催化转化器同时使用,由于后者只有在混合气的空燃比接近理论空燃比的狭小范围内净化效果才最好,因此,在这种情况下,电控单元必须根据氧传感器的反馈信号,控制混合气的空燃比更接近于理论空燃比。

目前使用的氧传感器有二氧化锆(ZrO_2)型氧传感器和二氧化钛(TiO_2)型氧传感器两种,应用较多的是二氧化锆氧传感器(图4.33)。氧化锆是具有传导氧离子能力的固体电解质,它能在氧分子浓度差的作用下产生电动势。在传感器壳体内有一个由氧化锆陶瓷体制成的一端封闭的锆管2,锆管的内外表面均覆盖一层多孔性薄铂导电层作为电极。锆管的内电极4与大气相通,外电极与排气接触。发动机工作时,排气从氧传感器锆管的外表面流过。在高温下氧分子发生电离,而且总是从氧离子浓度大的锆管内表面向浓度小的锆管外表面移动,从而在锆管的内外电极之间产生微小的电压。当发动机燃用浓混合气时,排气中无氧,锆管中氧离子移动强烈,产生0.9V的电压;当发动机燃用稀混合气时,排气中氧分子较多,锆管中氧离子移动能力减弱,只产生约0.1V的电压。因此,氧传感器输出的电压信号随混合气成分的不同而变化,并以理论空燃比为界发生突变。

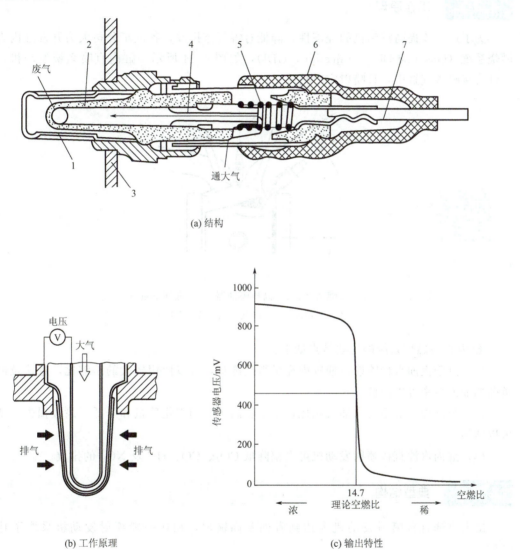

图4.33 二氧化锆氧传感器

1—气孔;2—锆管;3—排气管;4—内电极;5—弹簧;6—铂电极座;7—导线

二氧化锆传感器只有温度超过300℃才可进入正常工作。因此,目前大部分汽车上使用的是一种加热型二氧化锆氧传感器,即在传感器内设置一个加热器,在发动机起动后20~30s内迅速将氧传感器加热到工作温度,减少了排气温度对传感器性能的影响。

4.3 汽油缸内直喷系统

4.3.1 工作原理

为了进一步提高汽油机的经济性，降低有害气体排放，各汽车公司大力开发缸内直喷燃烧系统（Gasoline Direct Injection，GDI），如图 4.34 所示。缸内直喷系统发动机，将汽油直接喷入气缸中，且喷射定时精确。

【缸内直喷汽油机】

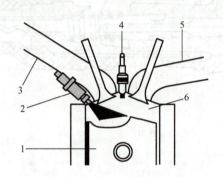

图 4.34 缸内直喷燃烧系统
1—浅碗活塞；2—高压喷油器；3—进气支管；
4—火花塞；5—排气支管；6—燃烧室

缸内直喷燃烧系统的主要特点如下：

（1）由于汽油直接喷射，使缸内充量得到冷却，可以使用较大的压缩比，怠速及部分负荷燃油消耗率可以降低。

（2）与缸外喷射系统汽油机相比，由于提高了燃油雾化质量和降低了泵吸损失，功率可以增加。

（3）缸内汽油直接喷射发动机可大幅降低 CO_2、CO、HC 及 NO_x 的排放。

4.3.2 典型结构

缸内汽油直接喷射发动机为达到省油及高输出，相比一般喷射发动机采取了特殊结构。

（1）高压涡流喷油器：安装在气缸盖上，配合高压燃油泵，将汽油直接喷入气缸中，喷油压力达 0.5~1.20MPa。

（2）进气涡流产生装置：三菱汽车公司采用两条垂直进气道，进气道中不装控制阀，如图 4.35 所示。丰田汽车公司采用的两条进气道中，一条为直线孔道，一条为螺旋孔道，直线孔道中设涡流控制阀，低负荷时关闭，空气经螺旋孔道进入气缸，可形成强烈涡流，如图 4.36 所示。日产汽车公司采用两条进气道，其中一条进气道装设涡流控制阀，如图 4.37 所示。

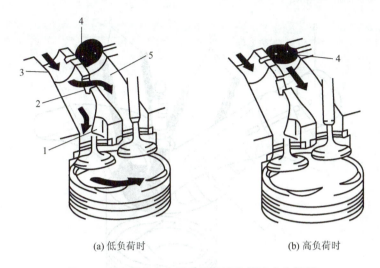

(a) 低负荷时　　　　(b) 高负荷时

图 4.35　三菱汽车公司采用的进气涡流产生装置

1—涡流形成凸缘；2—连通孔；3—螺旋孔道；4—涡流控制阀；5—直线孔道

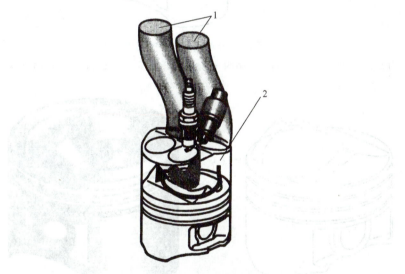

图 4.36　丰田汽车公司采用的进气涡流产生装置

1—垂直进气道；2—纵涡流

（3）特殊活塞：活塞顶部凹陷为浅碗或深碗形，并削成不规则形状，如图 4.38(a) 与图 4.38(b) 所示分别为三菱 GDI 发动机及日产发动机所采用的活塞构造。

日本三菱公司缸内直喷分层充量燃烧系统（图 4.39）是采用纵向直送气口形成缸内强烈的紊流，其紊流旋转方向为顺时针，这与通常的横向过气口产生的缸内紊流方向正好相反，故称之为反向紊流。燃烧室为半球屋顶形，借助于紊流运动形成火花塞周围的浓混合气，火花塞至燃烧室空间形成由浓变稀的分层混合气，采用电磁式低压旋流喷油器，喷射压力 5MPa。以实现合理的燃油雾化、贯穿及油束扩散。此燃烧系统在部分负荷时燃用分层混合气，全负荷时燃用均质混合气。

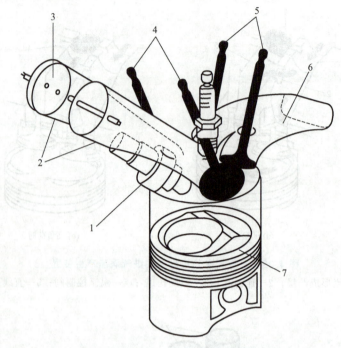

图 4.37 日产汽车公司采用的进气涡流产生装置

1—高压喷射器；2—进气管；3—涡流控制阀；4—进气门；5—排气门；6—排气管；7—浅碗活塞

(a) 三菱GDI发动机活塞构造　　　　　　　(b) 日产发动机活塞构造

图 4.38 特殊活塞的构造

在部分负荷时，燃油在进气行程后期喷向半球形的活塞凹坑，喷到凹坑的燃油向火花塞方向运动，在缸内紊流的帮助下在火花塞附近形成浓混合气，燃烧室空间为整体较稀的分层混合气，稳定运转的空燃比可达 40∶1，燃油消耗率大幅度降低。在高负荷时，燃油在进气行程的早期喷入气缸形成化学当量比或稍浓的均质混合气，油束不接触活塞顶面，燃油的蒸发将使缸内充量温度下降，充量系数提高，所需辛烷值下降，压缩比可达 12，发动机的整体性能明显提高，同时采用 EGR 降低 NO_x 排放。

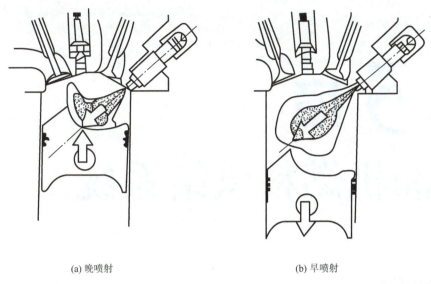

(a) 晚喷射　　　　　　　　(b) 早喷射

图 4.39　三菱直喷燃烧系统

思考题

1. 什么是可燃混合气？可燃混合气浓度如何表示？
2. 电控汽油喷射式发动机有何优点？电控汽油喷射系统由哪几部分组成？
3. 电控汽油喷射系统是如何分类的？
4. 简述 L 型电控汽油喷射系统的工作过程。
5. 在电控汽油喷射系统中，汽油供给系统由哪些部分组成？
6. 油压调节器有何作用？它的工作原理是什么？
7. 在电控汽油喷射系统中，空气供给系统由哪些部分组成？
8. 空气流量传感器有哪几种？
9. 在电控汽油喷射系统中，电子控制系统由哪些部分组成？
10. 电子控制系统中的传感器主要有哪些？
11. 汽油缸内直喷系统的主要特点是什么？

第 5 章 柴油机燃料供给系统

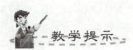
教学提示

柴油机所用燃料的理化特性决定了燃料供给方式，即在压缩行程接近终了时把柴油喷入气缸，使之与空气混合成可燃混合气，经压燃使其自行发火燃烧。柴油机燃料供给系统要与燃烧室配合，在一定高压下定时、定量并按一定喷射规律喷入气缸燃烧室。柴油机的供油量调节是由燃油泵和调速器共同完成的。高压共轨系统可实现理想油量控制特性。

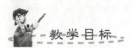
教学目标

要求学生了解柴油机供给系统的功用和组成；掌握直列柱塞式喷油泵和转子分配式喷油泵的基本结构和工作原理，了解调速器的功用及工作原理；了解柴油机高压共轨系统。

5.1 概　　述

5.1.1 柴油机燃油供给系统的功用和组成

柴油机燃油供给系统的功用是完成燃料的储存，滤清和输送工作，根据柴油机的不同工况，定时、定量供油，形成良好混合气并燃烧，根据负荷调节供油量，稳定柴油机转速，并将燃烧后的废气排出气缸。

一般柴油机燃料供给系统的组成如图 5.1 所示。

（1）燃油供给：低压油路（油箱、输油泵、柴油滤清器、低压油管等）；高压油路（喷油泵、喷油器、高压油管等）。

（2）空气供给：空气滤清器、进气管和气缸盖内的进气道。

(3) 混合气形成：燃烧室。
(4) 进排气系统：进气道、排气管及消声器等。

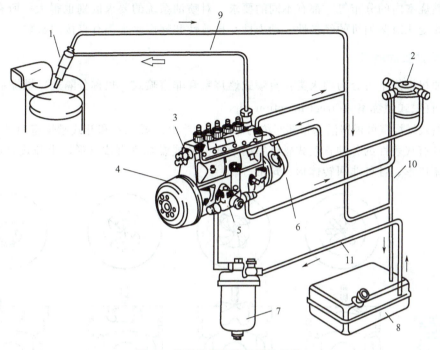

图 5.1 柴油机燃油供给系统组成

1—喷油器；2—燃油滤清器；3—直列柱塞式喷油泵；4—喷油提前器；5—输油泵；
6—调速器；7—油水分离器；8—油箱；9—高压油管；10—回油管；11—低压油管

5.1.2 可燃混合气形成的影响因素与燃烧室

柴油机采用压燃，即在压缩行程接近终了时，把柴油喷入气缸，使之与空气混合成可燃混合气，并利用空气压缩所形成的高温使其自行发火燃烧。

1. 可燃混合气形成的影响因素

由于柴油机在进气过程中进入燃烧室的是纯空气，在压缩过程接近终了时，柴油才喷入，经一定准备后即自行着火燃烧，柴油机的混合气形成的时间很短，只占15°～35°曲轴转角。与汽油相比，柴油的蒸发性和流动性都比较差，难以在燃烧前彻底雾化蒸发并与空气均匀混合。为了保证燃烧完全，柴油机不得不采用较大的过量空气系数，即总体上过量空气系数 $\Phi_a > 1$。但燃烧室内仍存在局部混合气过浓和过稀的现象。

柴油机的混合气形成直接影响燃烧，而柴油机燃烧又是一个极其复杂的过程，影响因素如下：

(1) 燃油物化品质（十六烷值、热值、组分、杂质）。
(2) 压缩气体状态（温度、压力、残余气体量）。
(3) 燃油喷射规律（喷油压力、喷油定时、喷油率、持续期）。
(4) 油气混合组织（油束分布、穿透、雾化、气流运动）。

燃油系统、燃烧室及它们之间的相互匹配对改善柴油机的混合气形成与燃烧起着重要的作用。不同形式的燃烧室对喷油始点、喷油持续角、喷油压力、喷油规律、喷注雾化质量及在燃烧室内的分布等，都有不同的要求，对喷油系统的要求区别也很大。所有这些喷油参数的变化对柴油机的经济性、动力性、排放性和噪声水平都有直接的影响。

2. 柴油机燃烧室

柴油机燃烧室可分为两大类：直喷式燃烧室和非直喷式（也称分隔式）燃烧室。

1) 直喷式燃烧室（direct injection type）

直喷式燃烧室可根据活塞顶部凹坑的深浅分为半开式燃烧室和开式燃烧室两类。图5.2所示为具有代表性的各种直喷式燃烧室的形式。开式燃烧室有浅盆形，半开式燃烧室有ω形、挤流口形、各种非回转体形、球形等。

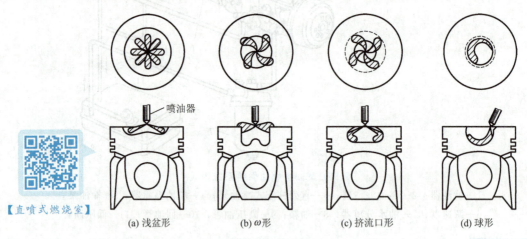

图5.2 各种直喷式燃烧室形式

2) 非直喷式燃烧室（indirect injection type）

非直喷式燃烧室的结构特点是除位于活塞顶部的主燃烧室外，还有位于缸盖内的副燃烧室，两者之间有通道相连。燃油不直接喷入主燃烧室内，而是喷入副燃烧室内。典型的非直喷式燃烧室有涡流室燃烧室（swirl combustion chamber）和预燃室燃烧室（prechamber），如图5.3和图5.4所示。

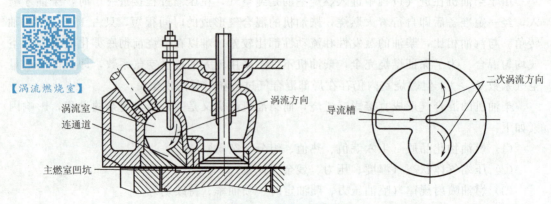

图5.3 涡流室燃烧室

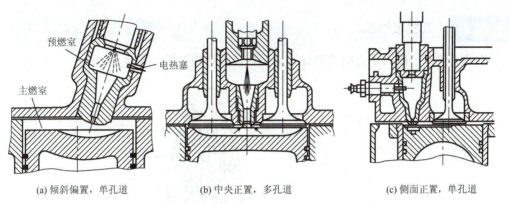

(a) 倾斜偏置，单孔道　　(b) 中央正置，多孔道　　(c) 侧面正置，单孔道

图 5.4　预燃室燃烧室

【预燃室燃烧室】

5.2　喷　油　器

5.2.1　功用与工作原理

喷油器的作用是将燃油雾化成容易着火和燃烧的雾滴，并使喷雾和燃烧室大小、形状相配合，分散到燃烧室各处，与空气充分混合。喷油器的喷油嘴是由针阀和针阀体组成的一对精密偶件，其配合间隙仅为 0.002～0.004mm。为此，在精加工后，再配对研磨，在使用中不能互换。

喷油器（injector）的工作原理如图 5.5 所示。由喷油泵送来的压缩燃油通过喷油嘴的通油孔进入压力室中，燃油压力使针阀克服喷油器中的调压弹簧的作用力 F 而升起，燃油从喷油孔中喷出。由于调压弹簧的作用，针阀总是被压向阀座。因此，喷油器实际上是一种机械和液力作用下的自动阀。

压力室中使针阀升起时的燃油压力称为喷油器开启压力 p_o。针阀从开启状态转变到针阀关闭时压力室的燃油压力称为针阀关闭压力 p_c。针阀关闭压力低于针阀开启压

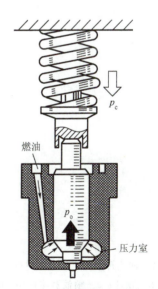

图 5.5　喷油器的工作原理

力。关闭压力越接近开启压力，则喷雾质量越好，断油也更干脆，这正是低惯量 P 型喷油器的优点（因为它的密封座面直径相对较小）。此外，喷油器开启压力 p_o 与喷油峰值压力 p_{jmax} 不同，不应混淆。但它们之间有一定的内在联系，一般来说，p_o 越大，p_{jmax} 也越高，p_{jmax} 一般是 p_o 的 2～4 倍。

根据喷油嘴结构形式的不同，闭式喷油器可分为孔式喷油器和轴针式喷油器两种。

5.2.2 孔式喷油器

孔式喷油器一般用于直喷式燃烧室柴油机，其结构如图 5.6 所示。

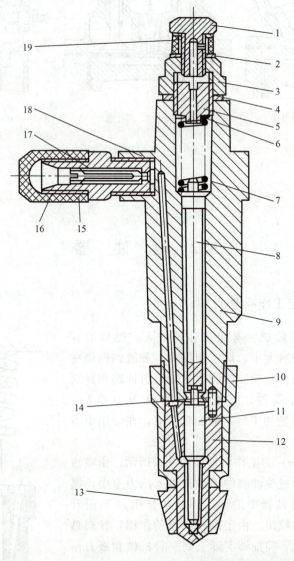

图 5.6 孔式喷油器

1—回油管接头；2、18—衬垫；3—调压螺钉保护螺母；4、6—垫圈；5—调压螺钉；7—调压弹簧；8—顶杆；9—喷油器体；10—喷油嘴锁紧螺母；11—针阀；12—针阀体；13—垫块；14—定位销；15—进油管接头保护螺母；16—进油管接头；17—喷油器滤芯；19—保护套

由针阀（needle valve）11 和针阀体（needle valve body）12 构成的喷油嘴（nozzle）通过锁紧螺母 10 与喷油器体 9 紧固在一起。调压弹簧 7 的预紧力通过顶杆 8 作用在针阀上，将针阀压紧在针阀体内的密封锥面上，使喷油嘴关闭。调压弹簧的预紧力由调压螺钉 5 调节。来自喷油泵的高压柴油通过高压油管送到喷油器，经进油管接头 16、喷油器滤芯 17 及喷油器体 9 和针阀体 12 内的油道进入喷油嘴内的压力室（图 5.6）。油压作用在针阀

的承压锥面上，产生向上的推力。当此推力超过调压弹簧的预紧力时，针阀升起并将喷孔打开，高压柴油经喷孔喷入燃烧室。当喷油泵停止供油时，喷油嘴压力室内的油压迅速下降，针阀在调压弹簧的作用下迅速落座，终止喷油。在喷油器工作期间，有少量柴油从针阀与针阀体配合表面之间的间隙漏出，并沿顶杆周围的缝隙上升，最后通过回油管接头 1 进入回油管，流回燃油滤清器。这部分柴油在漏过针阀偶件时，对偶件起润滑作用。

5.2.3　轴针式喷油器

轴针式喷油器与孔式喷油器的工作原理相同、结构相似，只不过轴针式喷油器是将针阀头部的轴针伸入针阀体的喷油孔内，针阀升起后，燃油从喷油孔和轴针之间的环状间隙喷出，呈中空圆锥形喷雾，主要用于非直喷式柴油机，将燃油喷入比较狭小的空间内。

轴针式喷油器的总体结构如图 5.7 所示。轴针式喷油器工作时，轴针在喷孔内往复运动，能清除喷孔中的积炭，喷孔不易堵塞，喷油器工作可靠；由于喷孔较大，因此加工方便。

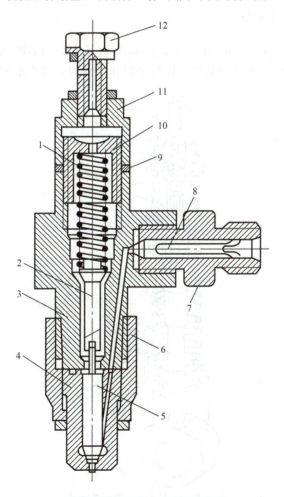

图 5.7　轴针式喷油器结构

1—调压弹簧；2—顶杆；3—喷油器体；4—针阀体；5—针阀；6—喷油嘴锁紧螺母；7—进油管接头；
8—滤芯；9—垫圈；10—调压螺钉；11—保护螺母；12—回油管接头

5.3 喷油泵

喷油泵的功用是根据柴油机的运行工况和工作顺序，将一定量的燃油增高到一定的压力，按照规定时间向喷油器输送高压燃油，并保证供油迅速，停油干脆。对于多缸柴油机的喷油泵还应保证各缸的供油量均匀，在标定工况下各缸供油量相差不超过3‰～4‰；各缸的供油时刻及供油延续时间应一致，各缸供油提前角误差不大于0.5°曲轴转角。可概括为定时、定量、定压。

喷油泵的结构形式很多，车用柴油机的喷油泵按其原理不同分为三类：柱塞式喷油泵、转子分配式喷油泵和泵-喷嘴式喷油泵。限于篇幅，这里只介绍柱塞式喷油泵和转子分配式喷油泵。

5.3.1 柱塞式喷油泵

柱塞式喷油泵（plunger fuel injection pump）的基本结构如图5.8所示。其泵油机构主要由凸轮、柱塞偶件、出油阀偶件、柱塞弹簧和出油阀弹簧等组成。

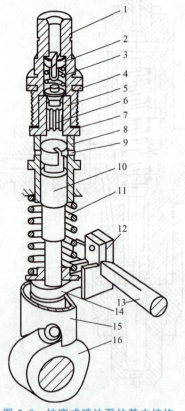

【柱塞式喷油泵】

图 5.8　柱塞式喷油泵的基本结构

1—出油阀紧座；2—减容体；3—出油阀弹簧；4、7—密封垫；5—出油阀座；6—出油阀；
8—柱塞套；9—径向油孔；10—柱塞；11—柱塞弹簧；12—拨叉；
13—油量调节拉杆；14—油量调节臂；15—挺杆；16—凸轮

柱塞偶件由柱塞（plunger）和柱塞套（barrel）构成，如图 5.9 所示。柱塞在柱塞套内既可上下运动，又可在一定角度范围内转动。柱塞头部加工有螺旋形斜槽和直槽，直槽使斜槽与柱塞上方的泵腔相通。柱塞套安装在喷油泵体的座孔中，用定位螺钉固定防止转动。柱塞套上的油孔与喷油泵内的低压油腔相通。柱塞偶件是喷油泵中最精密的偶件，采用优质合金钢制造，经过精加工和配对研磨，使其配合间隙控制在 0.0015～0.0025mm，因而在使用中不能互换。正是由于柱塞偶件的精密配合，才保证了加压后的燃油具有足够的压力。

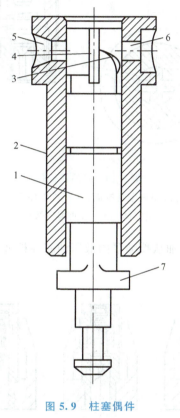

图 5.9　柱塞偶件

1—柱塞；2—柱塞套；3—螺旋槽；4—直槽；5、6—径向油孔；7—调节块

出油阀偶件由出油阀（delivery valve）与出油阀座（delivery valve seat）构成，如图 5.10 所示。它也是喷油泵中的一对精密偶件。出油阀的密封锥面与出油阀座的接触表面经过精细研磨。出油阀弹簧将出油阀压紧在出油阀座上，隔绝了柱塞泵腔与高压油管之间的通路。出油阀中部的圆柱面与出油阀座孔紧密配合，称为减压环带。减压环带以下的导向部分有 4 个油槽，其横截面为十字形。

出油阀偶件位于柱塞偶件的上方，出油阀座的下端面与柱塞套的上端面接触，通过拧紧出油阀紧座使两者的接触面保持密合。在有些出油阀紧座中设有减容体，用以减小高压管路系统的容积，改善燃油的喷射过程。此外，减容体还起到限制出油阀最大升程的作用。

柱塞式喷油泵工作原理如图 5.11 所示（并参照图 5.8）。柱塞由凸轮轴、挺杆驱动，按喷油次序，依次在各自的柱塞套内做往复运动。当柱塞顶面下移至柱塞套油孔 4 以下及

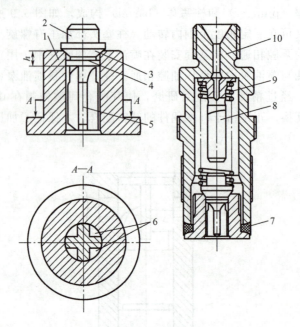

图 5.10 出油阀偶件

1—出油阀座；2—出油阀；3—密封锥面；4—减压环带；5—导向体；6—十字槽；
7—密封垫；8—减容体；9—出油阀弹簧；10—出油阀紧座

柱塞停驻在下止点位置时，柴油从喷油泵的低压油腔经柱塞套油孔 4 充入柱塞顶部的空腔又称柱塞腔 [图 5.11(a)]。

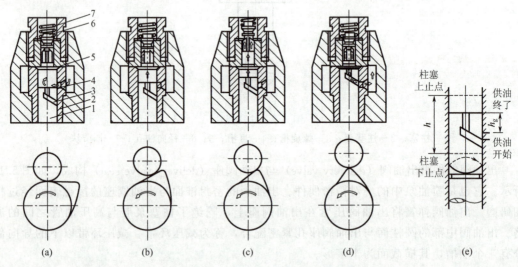

图 5.11 柱塞式喷油泵工作原理

1—柱塞；2—柱塞套；3—螺旋槽；4—柱塞套油孔；5—出油阀座；6—出油阀；7—出油阀弹簧

在柱塞从其下止点上移的过程中，将有部分柴油从柱塞腔经柱塞套油孔 4 被挤回低压油腔，这一过程一直延续到柱塞顶面将油孔的上边缘封闭为止 [图 5.11(b)]。

此后，柱塞继续上移，柱塞腔内的油压骤然增高，克服出油阀弹簧 7 的预紧力，将出油阀 6 顶起。当出油阀密封锥面已经离开出油阀座，但减压环带尚在出油阀座孔内时，喷油泵仍然不能供油。仅当减压环带全部离开出油阀座孔之后，高压柴油才能经出油阀上的切槽供入高压油管，并经喷油器喷入燃烧室［图 5.11(c)］。

当柱塞上移至图 5.11(d) 所示位置时，柱塞上的螺旋槽 3 将柱塞套进油孔 4 的下边缘打开，此时柱塞腔内的高压柴油经柱塞上的直槽、螺旋槽 3 和柱塞套进油孔 4 流回喷油泵的低压油腔，供油终止。由于柱塞腔的油压急剧下降，出油阀在出油阀弹簧和高压柴油的作用下迅速回落。当减压环带的下边缘进入出油阀座孔时，高压油管与柱塞腔的通路被切断，使燃油不能从高压油管流回柱塞腔。当出油阀完全落座之后，高压管路系统的容积因为空出减压环带的体积而增大，致使高压管路系统内的油压迅速降低，喷油器立即停止喷油，从而可以避免喷油器滴漏和其他不正常喷射现象的发生。

柱塞由其下止点移动到上止点所经过的距离称为柱塞行程，也就是喷油泵凸轮的最大升程。喷油泵柱塞行程由喷油泵凸轮的外形决定。由上述泵油过程可知，在柱塞上移的整个行程内，喷油泵并不始终供油，只是在柱塞顶面封闭柱塞套油孔到柱塞螺旋槽打开柱塞套油孔这段柱塞行程内供油。这段柱塞行程称为柱塞有效行程。柱塞供油有效行程越大，供油的持续时间越长，喷油泵每一次的泵油量越多。当直槽与径向油孔对准时，柱塞供油有效行程为零，喷油泵停止供油，使柴油机熄火。因此，改变柱塞斜槽和柱塞套径向油孔的相对位置即可改变柱塞供油有效行程，通常通过转动柱塞实现喷油泵循环供油量的调节。

柱塞式喷油泵结构简单、工作可靠、性能良好、便于维护，为目前大多数车用柴油机所采用。

5.3.2　转子分配式喷油泵

转子分配式喷油泵（distributor fuel injection pump）简称分配泵，又称 VE 型分配泵。

1. 分配泵基本结构和工作原理

VE 型分配泵由驱动机构、二级滑片式输油泵、高压分配泵头和电磁式断油阀等部分组成。此外，机械式调速器和液压式喷油提前器也安装在分配泵体内（图 5.12）。

驱动轴 23 由柴油机曲轴定时齿轮驱动。驱动轴带动二级滑片式输油泵 1 工作，并通过调速器驱动齿轮 2 带动调速器轴旋转。在驱动轴的右端通过联轴器（图 5.13 中 3）与平面凸轮盘 4 连接，利用平面凸轮盘上的传动销带动分配柱塞 8。柱塞弹簧 6 将分配柱塞压紧在平面凸轮盘上，并使平面凸轮盘压紧滚轮（图 5.13 中 5）。滚轮轴嵌入静止不动的滚轮架（图 5.13 中 2）上。当驱动轴 23 旋转时，平面凸轮盘与分配柱塞同步旋转，而且在滚轮、平面凸轮和柱塞弹簧的共同作用下，凸轮盘还带动分配柱塞 8 在柱塞套 9 内做往复运动。往复运动使柴油增压，旋转运动则进行柴油分配。

凸轮盘上平面凸轮的数目与柴油机气缸数相同。分配柱塞的结构如图 5.14 所示。在分配柱塞 1 的中心加工有中心油孔 3，其右端与柱塞腔相通，而左端与泄油孔 2 相通。分配柱塞上还加工有燃油分配孔 5、压力平衡槽 4 和数目与气缸数相同的进油槽 6。柱塞套

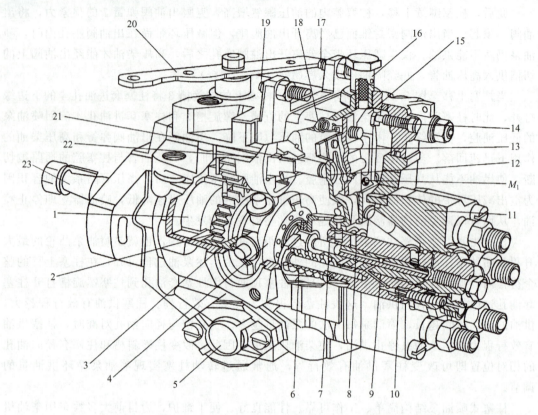

图 5.12 VE 型分配泵

1—二级滑片式输油泵；2—调速器驱动齿轮；3—滚轮机构；4—平面凸轮盘；5—液压式喷油提前器；
6—柱塞弹簧；7—油量调节套筒；8—分配柱塞；9—柱塞套；10—出油阀；11—高压泵头；
12—起动杠杆；13—调速器张力杠杆；14—最大供油量调节螺钉；15—校准杆；16—放气孔；
17—怠速调整螺钉；18—调速弹簧；19—高速调整螺钉；20—调速手柄；
21—调速套筒；22—调速器齿轮及飞锤总成；23—驱动轴

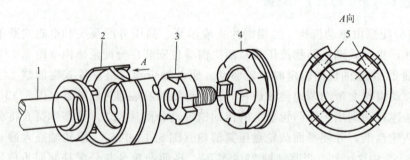

图 5.13 滚轮、联轴器及平面凸轮

1—驱动轴；2—滚轮架；3—联轴器；4—平面凸轮盘；5—滚轮

（图 5.12 中 9）上有一个进油孔和数目与气缸数相同的分配油道，每个分配油道都连接一个出油阀（图 5.12 中 10）和一个喷油器。

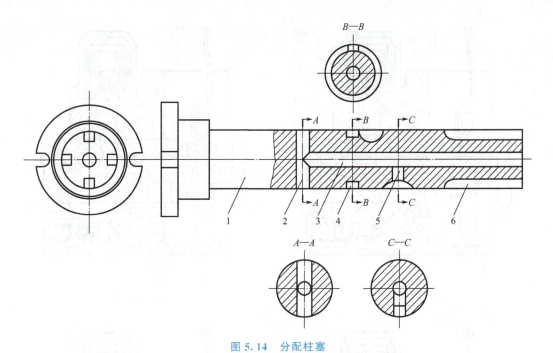

图 5.14 分配柱塞

1—分配柱塞；2—泄油孔；3—中心油孔；4—压力平衡槽；5—燃油分配孔；6—进油槽

2. VE 型分配泵工作过程

VE 型分配泵的工作过程如图 5.15 所示。

1）进油过程

如图 5.15(a) 所示，当平面凸轮盘的凹下部分转至与滚轮接触时，柱塞弹簧将使分配柱塞 1 由右向左推移至柱塞下止点位置，这时分配柱塞上的进油槽 10 与柱塞套 6 上的进油道 15 连通，柴油自喷油泵体的内腔经进油道 15 进入柱塞腔 9 和中心油道 8 内。

2）泵油过程

如图 5.15(b) 所示，当平面凸轮盘由凹下部分转至凸起部分与滚轮接触时，分配柱塞在凸轮盘的推动下由左向右移动。在进油槽转过进油孔的同时，分配柱塞将进油孔封闭，这时柱塞腔 9 内的柴油开始增压。与此同时，分配柱塞上的燃油分配孔 4 转至与柱塞套 6 上的一个出油道 5 相通，高压柴油从柱塞腔经中心油孔、燃油分配孔、进入出油道 5，再经出油阀 6 和喷油器喷入燃烧室。

平面凸轮盘每转一周，分配柱塞上的燃油分配孔依次与各缸分配油道接通一次，即向柴油机各缸喷油器供油一次。

3）停油过程

如图 5.15(c) 所示，分配柱塞在平面凸轮盘的推动下继续右移，当柱塞上的泄油孔 3 移出油量控制套筒 2 并与喷油泵体内腔相通时，高压柴油从柱塞腔经中心油道 8 和泄油孔 3 流进喷油泵体内腔，柴油压力立即下降，供油停止。

从柱塞上的燃油分配孔 4 与柱塞套上的出油道 5 相通的时刻起，至泄油孔 3 移出油量

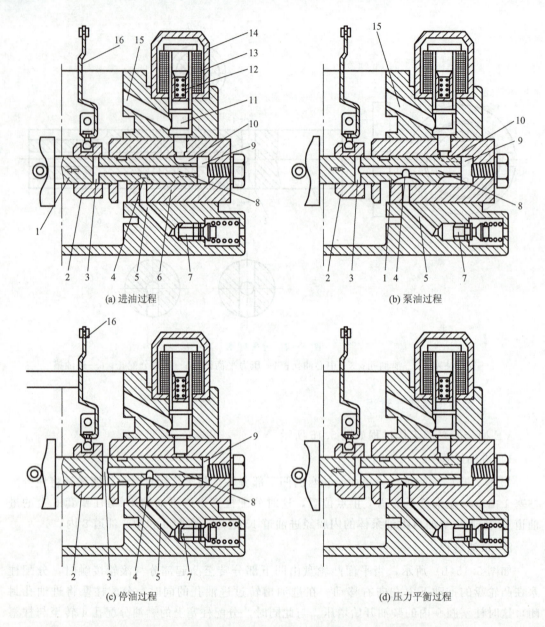

图 5.15　VE 型分配泵的工作过程

1—分配柱塞；2—油量控制套筒；3—泄油孔；4—分配孔；5—出油道；6—柱塞套；
7—出油阀；8—中心油道；9—柱塞腔；10—进油槽；11—进油阀；12—弹簧；
13—线圈；14—电磁阀；15—进油道；16—起动杠杆

控制套筒 2 的时刻止，分配柱塞所移动的距离为柱塞有效供油行程。显然，有效供油行程越大，供油量越多。移动油量调节套筒即可改变有效供油行程，向左移动油量调节套筒，停油时刻提早，有效供油行程缩短，供油量减少；反之，向右移动油量调节套筒，供油量增加。油量调节套筒的移动由调速器操纵。

4）压力平衡过程

如图 5.15(d) 所示，分配柱塞上设有压力平衡槽（图 5.14），在分配柱塞旋转和移动过程中，压力平衡槽始终与喷油泵体内腔相通。在某一气缸供油停止之后，且当压力平衡槽转至与相应气缸的分配油孔连通时，分配油孔和出油道与喷油泵体内腔相通，于是两处的油压趋于平衡。在柱塞旋转过程中，压力平衡槽与各缸分配油道逐个相通，致使各出油道内的压力均衡一致，从而可以保证各缸供油的均匀性。

VE 型分配泵设有电磁断油阀，其电路和工作原理如图 5.16 所示。电磁阀装在柱塞套进油孔的上方。在开关板上设有 ST、ON、OFF 开关，用以操纵电磁阀打开或关断进入气缸的燃油通路。起动时，将起动开关 1 旋至 ST 位置，这时来自蓄电池 4 的电流直接流过电磁线圈 3，产生的电磁力压缩回位弹簧 5，将阀门 6 吸起，进油道 7 开启。柴油机起动后，起动开关转至 ON 位置，此时，由于电路中串入了电阻，使通过电磁线圈的电流减小，但由于有油压的作用，仍然能使阀门保持在开启位置。当柴油机停机时，将起动开关旋至 OFF 位置，这时电路断开，阀门在回位弹簧的作用下关闭，从而切断油路，停止供油。

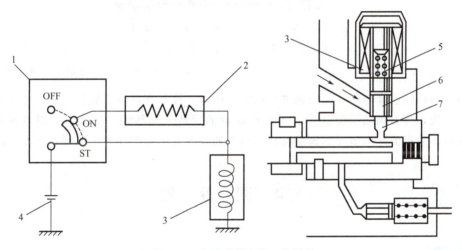

图 5.16　电磁式断油阀工作原理

1—起动开关；2—电阻；3—电磁线圈；4—蓄电池；5—回位弹簧；6—阀门；7—进油道

3. 分配泵的供油提前角自动调节器

VE 型分配泵的下部装有供油提前角自动调节器，该装置为液压式调节器，其构造与工作原理如图 5.17 所示。

在喷油提前器壳体内装有活塞，活塞左端与二级滑片式输油泵的入口相通，并有弹簧压在活塞上。活塞右端与喷油泵体内腔相通，内腔中的油压与滑片式输油泵的出口压力相等。当柴油机在某一转速下稳定运转时，作用在活塞左、右端的力相等，活塞处于某一平衡位置。柴油机工作时，二级输油泵的出口压力随转速增加而上升，活塞右端油压力上升使作用于活塞右端的压力大于左端的作用力，活塞向左移动，带动传力销使滚轮架转动一定角度，滚轮架的转动方向与平面凸轮盘的旋转方向正好相反，使平面凸轮盘提前一定角度与滚轮接触，供油提前角增大。转速越高，油压越大，供油提前角也越大。

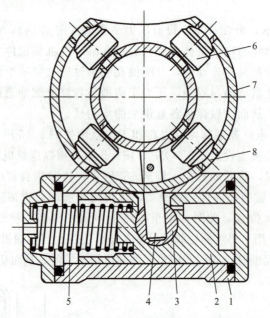

图 5.17　液压式供油提前角自动调节器

1—壳体；2—活塞；3—连接销；4—传力销；5—弹簧；6—滚轮；7—滚轮架；8—滚轮轴

当柴油机转速降低时，二级输油泵的输出压力下降，在调节器弹簧力的作用下，活塞被推至右边，传力销使滚轮架向着平面凸轮盘的旋转方向转动一定角度，供油提前角减小。这种供油提前角调节器的调整特性，可以通过改变弹簧的预紧力和弹簧刚度来调整。

5.4　调　速　器

5.4.1　功用与分类

调速器的作用是随着柴油机负荷的变化，自动调节喷油泵循环供油量。另外，除了防止超速与保持怠速稳定这两项基本任务以外，调速器作为柴油机及其燃料供给系统的重要控制部件，还担负着其他重要作用，如保持怠速与最高转速之间各工况的转速稳定（全程调速）、起动加浓、转矩校正及增压与海拔高度补偿等，以满足柴油机在各种情况下的运转需要。

汽车柴油机调速器按其工作原理的不同，可分为机械式、气动式、液压式、机械气动复合式、机械液压复合式和电子式等多种形式。但目前应用最广的是机械式调速器，其结构相对简单，工作可靠，性能良好。

按调速器起作用的转速范围不同，又可将调速器分为两极式调速器和全程式调速器。两极式调速器（two speed governor）只在柴油机的最高转速和怠速时起自动调节作用，限定最高转速或最低转速，在最高转速和怠速之间的其他任何转速，调速器不起调速作用，而是由驾驶人控制柴油机转速的变化。全程式调速器则在柴油机的各种转速下起作用，使柴油机稳定在任一选定的转速下工作。

5.4.2 两极式调速器

1. RQ型调速器结构

通常把调速器结构分为感应部件、传动部件和附加装置三部分。感应部件用来感知柴油机转速的变化,并发出相应的信号;传动部件则根据此信号进行供油量的调节。附加装置用来稳定怠速、消除转矩波动及校正转矩等。

RQ型(R表示机械离心式,Q表示可变杠杆比)调速器的结构如图5.18所示。

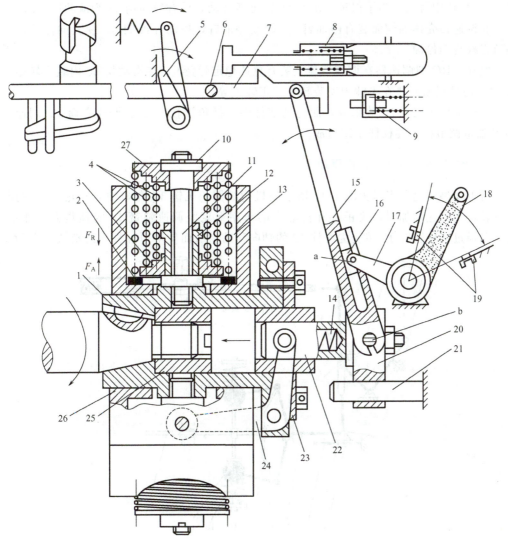

图 5.18 RQ型两极调速器结构

1—调速套筒;2—怠速弹簧调整垫片;3—内弹簧座;4—高速弹簧(内弹簧);5—停油臂;6—停油销;7—油量调节杆;8—防冒烟限位器;9—怠速稳定弹簧;10—调整螺母;11—支承杆;12—限位螺母;13—怠速弹簧(外弹簧);14—转矩平稳器;15—调速杠杆;16—滑块;17—摆臂;18—调速手柄;19—高低速限位螺钉;20—滑动块;21—导向销;22—滑动销;23—盖套;24—角形杠杆;25—固定螺母;26—飞锤;27—外弹簧座;a—铰接点;b—销

调速器壳体用螺栓固定在喷油泵泵体的后端面上。喷油泵凸轮轴通过半圆键连接一个轴套,轴套上固定两个双头螺柱,在每个螺柱上套装一个飞锤 26。飞锤通过角形杠杆 24、调速套筒 1、调速杠杆 15 和油量调节杆 7 与喷油泵的供油量调节齿杆连接。飞锤内装有内、中、外三个弹簧,其外端均支承在外弹簧座 27 上。外弹簧 13 的内端支承在飞锤的内端面上,称急速弹簧;中间弹簧和内弹簧 4 的内端支承在内弹簧座 3 上,称它们为高速弹簧。当把它们安装在弹簧座上时有一定的预紧力,预紧力的大小可由调整螺母 10 调节。

摆臂 17 的一端与调速手柄 18 连接,另一端与圆柱形的滑块 16 铰接,滑块在调速杠杆 15 的长孔中滑动。为了保证滑动块 20 能灵活移动,设有导向销 21 为滑动销导向。

在调速器壳体的侧面装有停油臂 5,转动停油臂,拨动停油销 6,使其向左拉动油量调节齿杆直至停油。

此外,RQ 型调速器在调速器盖上装有急速稳定弹簧 9,在滑动块 20 内装有转矩平稳器 14,还可根据需要在飞锤内安装转矩校正装置等。

感应部件由飞锤 26 等组成,而传动部件则包括角形杠杆 24、调速套筒 1、调速杠杆 15 和油量调节杆 7 等杠杆系统组成。

2. RQ 型调速器基本工作原理

将 RQ 型调速器表示为图 5.19 所示的机构简图。飞锤 17 在喷油泵凸轮轴 18 的驱动下旋转,当转速增加时,飞锤即在离心力的作用下克服调速弹簧 16 的预紧力向外张开,此运动通过飞锤转臂 13 转变为滑柱 12 的轴向移动,从而使牵引杠杆 5 绕滑块 4 上的支点

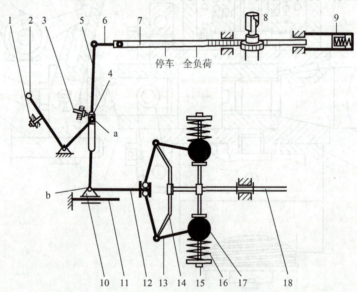

图 5.19 RQ 两极式调速器的机构简图(停车状态)

1—停车挡块;2—操纵杆;3—全负荷挡块;4—滑块;5—牵引杠杆;6—连接叉杆;7—喷油泵齿杆;8—喷油泵柱塞;9—弹性触止;10—滑座;11—导向销;12—滑柱;13—飞锤转臂;14—飞锤座;15—调节螺母;16—调速弹簧;17—飞锤;18—喷油泵凸轮轴;a—铰接点;b—销

旋转，牵引杆端部通过连接叉杆 6 将喷油泵齿杆 7 向减少油量的方向拉动；反之若转速降低，则将喷油泵齿杆向增加油量的方向推动。同时，若驾驶人通过加速踏板使操纵杆 2 在停车挡块 1 与全负荷挡块 3 之间转动，牵引杠杆 5 则改由下部滑座 10 上的铰链为支点摆动，从而拉动喷油齿杆，达到增加或减少供油量的目的。

RQ 型调速器的工作过程如下：

（1）起动。柴油机在冷车起动时，起动比较困难。为了便于起动，要求起动供油量多于全负荷额定供油量。因此，冷车起动时应将加速踏板踩到底，操纵杆压靠在高速限位螺钉上，操纵杆上的滑块即推动调速杠杆和油量调节杆向加油方向移动。当达到全负荷位置时，油量调节杆即达到起动加浓位置［图 5.20(a)］。

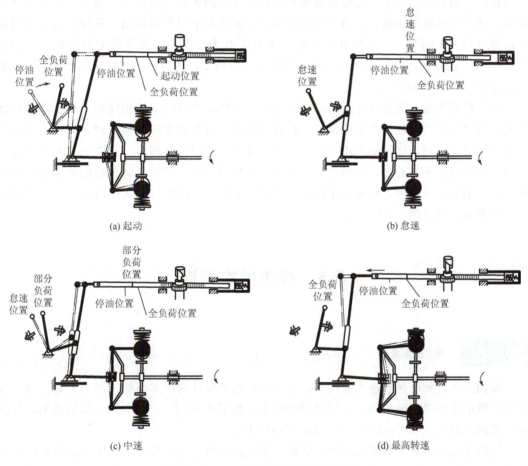

图 5.20　RQ 系列调速器的工作过程

（2）怠速。柴油机在怠速时，操纵臂和低速限位螺钉接触，滑销处于最高位置，油量调节杆移动到怠速供油量位置。此时的杠杆比减小，可保证在飞锤移动量一定的条件下，油量调节拉杆的移动量较小，有利于怠速的稳定。怠速时柴油机转速较低，飞锤的离心力小，张开的程度也较小，它与怠速弹簧相平衡，使飞锤处在套筒和高速弹簧座之间的空隙中游动。

当柴油机受某种因素的影响而转速下降时,飞锤产生的离心力减小,怠速弹簧的张力便使飞锤向里收拢,通过角形杠杆和滑动销、滑动块、调速杠杆使油量调节杆向加油方向移动,增加供油量,使转矩增大,转速不再继续下降,直至飞锤的离心力与怠速弹簧的张力达到新的平衡;当柴油机转速升高时,飞锤的离心力也相应地增加,使飞锤进一步克服怠速弹簧的张力向外张开。这样,飞锤就通过角形杠杆、滑动销、滑动块、调速杠杆带动油量调节杆向减油方向移动,减少供油量,使转速不再升高,直至飞锤的离心力与怠速弹簧重新平衡 [图5.20(b)]。

(3) 中速。将操纵臂移至中速位置,油量调节杆处于部分负荷供油位置。柴油机在中等转速范围内工作时,飞锤在离心力的作用下,压缩怠速弹簧而与高速弹簧座相接触。由于飞锤产生的离心力不足以克服怠速和高速两组弹簧的张力,因此飞锤便紧靠在高速弹簧座上,既不外张也不收拢,因而在中速范围内,调速器不起调速作用。这时,驾驶员则根据需要进行人工调节。人工调节是以滑动块的销 b 为支点,以操纵臂上的滑块 a 为力点 (图5.19),以不同的杠杆比来改变调速杠杆和油量调节杆的位置,使供油量和转速发生相应的变化 [图5.20(c)]。

(4) 最高转速。将操纵臂移至高速限位螺钉位置,油量调节杆相应地移至全负荷供油位置,滑块处于调速杠杆的最低位置,杠杆比最大。若柴油机转速超过额定转速,飞锤的离心力克服全部调速弹簧的作用力向外张开,使飞锤连同内弹簧座一起向外移到一个新的位置。飞锤以较小的动作,获得较大的油量调节杆移动量,使油量调节杆向减油方向迅速移动,供油量迅速减少,从而防止超速"飞车"事故。在此位置,飞锤离心力与弹簧作用力达到新的平衡 [图5.20(d)]。

5.5 柴油供给装置

5.5.1 柴油滤清器

柴油中所含硬质粒子进入系统后,就会引起精密偶件的严重磨损,甚至卡死。为了保证燃料供给系统可靠地工作,必须采用能滤去机械杂质 99%～99.5% 的高效滤清器,其滤网应能满足滤去 0.002～0.003mm 的粒子的要求。

目前常用的单级滤清器或双级滤清器大多采用纸质滤芯,纸质滤芯燃油滤清器的结构如图5.21所示。来自输油泵的柴油从进油口5进入滤清器壳体6与纸质滤芯7之间的空隙,然后经过滤芯过滤之后,由中心杆8经出油口3流出。在滤清器盖上设有限压阀2,当油压超过 0.1～0.15MPa 时,限压阀开启,多余的柴油自进油口经限压阀直接返回燃油箱。

重型汽车柴油机经常装置粗、精两级滤清器。当两级滤清器串联使用时,粗滤器采用毛毡等纤维滤芯,精滤器仍用纸滤芯。毛毡滤芯可滤除粒度为 5～10μm 的杂质。毛毡具有一定的机械强度和弹性,堵塞以后可清洗再用。

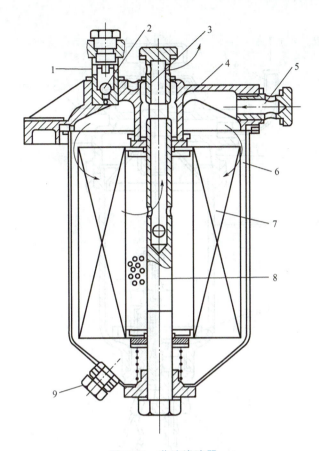

图 5.21　柴油滤清器

1—旁通孔；2—限压阀；3—出油口；4—滤清器盖；5—进油口；6—滤清器壳体；
7—纸质滤芯；8—中心杆；9—放油塞

5.5.2　油水分离器

当柴油机工作时，柴油首先经油水分离器粗滤，除掉水分和部分杂质，然后流经燃油滤清器进行细滤，保证柴油的洁净度。

油水分离器由手压膜片泵、液面传感器、浮子、壳体和盖等组成，如图 5.22 所示。柴油经进油口 2 进入分离器，并经出油口 9 流出。柴油中的水分在分离器内从柴油中分离出来并沉积在壳体的底部。浮子 6 随着积水的增多而上浮。当浮子到达规定的放水水位时，液面传感器 5 将电路接通，仪表板上的报警灯发出放水信号，这时驾驶员应及时旋松放水塞 4 放水。手压膜片泵 1 供放水和排气时使用。

5.5.3　输油泵

输油泵的功用是保证柴油在低压油路内循环，并供应足够数量及一定压力的燃油给喷油泵，其输油量应为柴油机全负荷最大喷油量的 3～4 倍。输油泵有活塞式、膜片式、滑片式及齿轮式等几种。这里仅介绍活塞式和滑片式输油泵。

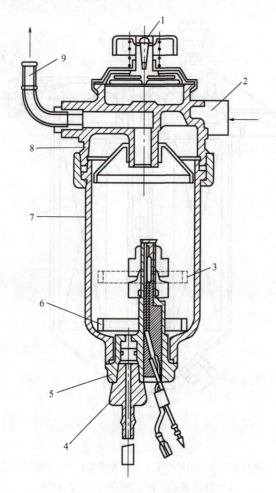

图 5.22 油水分离器

1—手压膜片泵；2—进油口；3—放水水位；4—放水塞；5—液面传感器；6—浮子；
7—分离器壳；8—分离器盖；9—出油口

1. 活塞式输油泵（piston type fuel supply pump）

活塞式输油泵安装在柱塞式喷油泵的侧面，并由喷油泵凸轮轴上的偏心轮驱动。图 5.23 所示为其工作原理示意图。

当喷油泵凸轮轴 13 转动时，在偏心轮 14 和活塞弹簧 17 的共同作用下，输油泵活塞 16 在输油泵体 15 内做往复运动。当输油泵活塞在活塞弹簧的作用下向上运动时，A 腔容积增大，产生真空，进油单向阀 6 开启，柴油经进油口被吸入 A 腔。与此同时，B 腔容积缩小，其中的柴油压力增高，出油单向阀 7 关闭，B 腔中的柴油经出油口被压出，送往燃油滤清器。当偏心轮 14 推动滚轮 12、挺柱 11 和推杆 9 使输油泵活塞向下运动时，A 腔油压增高，进油单向阀关闭，出油单向阀开启，柴油从 A 腔流入 B 腔。

若喷油泵供油量减少，或燃油滤清器阻力过大，则使 B 腔油压增高。当活塞弹簧的弹力恰好与 B 腔的油压平衡时，活塞便滞留在某一位置而不能回到其行程的止点处。在这种

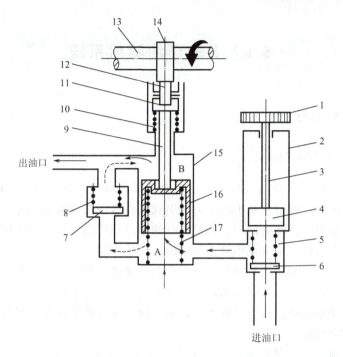

图 5.23　活塞式输油泵工作原理示意图

1—手压泵拉钮；2—手压泵体；3—手压泵杆；4—手压泵活塞；5—进油单向阀弹簧；6—进油单向阀；
7—出油单向阀；8—出油单向阀弹簧；9—推杆；10—推杆弹簧；11—挺柱；12—滚轮；
13—喷油泵凸轮轴；14—偏心轮；15—输油泵体；16—输油泵活塞；17—活塞弹簧

情况下，活塞的行程减小，输油泵的输油量自然减少，从而限制了油压的继续增高，即实现输油量与供油压力的自动调节。

在起动长时间停止工作的柴油机之前，先将燃油滤清器和喷油泵的放气螺钉拧松，再将手压泵拉钮旋出，上下反复拉动手压泵活塞，使柴油自进油单向阀吸入，经出油单向阀压出，并充满燃油滤清器和喷油泵的低压油腔，将其中的空气驱除干净；然后拧紧放气螺钉，旋进手压泵拉钮，再起动柴油机。

手压泵活塞与手压泵体、输油泵活塞与输油泵体及推杆与导管等偶件，都经过选配和研磨，达到较精密的配合，在使用中不能拆对互换。

2. 滑片式输油泵（vane fuel supply pump）

由于分配泵每次进油的时间很短，进油节流阻力较大。为了保证分配泵进油充分，需要提高输油压力，为此在分配泵内增设一个滑片式输油泵。滑片式输油泵由输油泵体、输油泵盖、转子和滑片等零件构成。输油泵转子由分配泵驱动轴传动。四个滑片分别安装在转子的四个滑片槽内。转子偏心地安装在泵体的内孔中，在转子和输油泵体之间形成弯月形工作腔，并被四个滑片分隔成四个工作室。

当转子旋转时，由于工作室的容积不断地由小变大或由大变小，而产生吸油或压油的作用。滑片式输油泵的出口油压随其转速增高而增大。为了保持油压稳定，在输油泵出口装置调压阀。

5.6　共轨柴油喷射系统

5.6.1　工作原理

1. 高压共轨系统的优点

共轨系统先将柴油以高压（喷油压）状态蓄集在被称为共轨（common rail）的容器中，然后利用电磁三通阀将共轨中的压力油引到喷油器中完成喷射任务。利用安装在高压油路中的高速、强力电磁溢流阀来直接控制喷油始点和喷油量，通过实时变更电磁阀升程和改变高压油路中的油压来实现喷油率和喷油压力的控制。

共轨中蓄积着与喷油压力相同的柴油，此油直接进入喷嘴（针阀腔）开启针阀进行喷射，这就是高压共轨系统。概括起来高压共轨系统的主要优点如下：

（1）共轨系统中的喷油压力柔性可调，对不同工况可确定所需的最佳喷射压力，从而优化了柴油机综合性能。

（2）可独立地柔性控制喷油定时，配合高的喷射压力（120～200MPa），可同时控制NO_x和微粒（PM）在较小的数值范围内，以满足排放要求。

（3）柔性控制喷油速率变化，实现理想喷油规律，容易实现预喷射和多次喷射，既可降低柴油机噪声和NO_x排放，又能保证优良的动力性和经济性。

（4）由电磁阀控制喷油，其控制精度较高，高压油路中不会出现气泡和残压为零的现象，因此在柴油机运转范围内，循环喷油量变动小，各缸供油不均匀可得到改善，从而减轻柴油机的振动和降低排放。

（5）能分缸调控并且响应快。

（6）具有极好的燃油密封性，高压燃油泄漏量小，降低了驱动燃油泵的功率损失。

（7）具有很好的可安装性。对柴油机不要求附加驱动轴，可以像通常的直列式油泵一样安装，只需略加修改喷油器支架，就可安装电控喷油器。

2. 高压共轨系统的组成与工作原理

图 5.24 所示为博世公司的共轨燃油喷射系统的基本组成，主要由电控单元（ECU）14、高压油泵（high-pressure pump）2、共轨管（common rail）6、电控喷油器（electronic injector）8 及其他传感器（sensors）12 与其他执行器（executors）13 等组成。

低压的齿轮泵 3 将燃油输入高压油泵 2，高压油泵 2 将燃油加压送入共轨管 6，共轨管 6 中的压力由电控单元 14 根据油轨压力传感器 7 测量的油轨压力及电控单元预设的压力 MAP 图进行调节，高压油轨内的燃油经过高压油管，根据机器的运行状态，由电控单元从预设的 MAP 图中确定合适的喷油定时、喷油持续期和喷油率，然后电液控制的电控喷油器 8 将燃油喷入气缸。高压油泵只起向燃油轨供油的作用，其工作频率与柴油机转速没有固定的约束关系，可任意选择，只需保持共轨腔的油压即可。低压油泵将燃油从油箱中吸出，经调压控制阀 5 调节到喷油所需的压力。

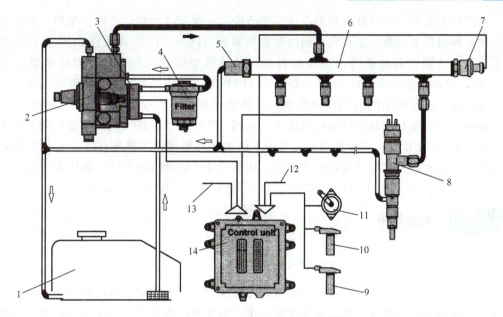

图 5.24 博世公司的共轨燃油喷射系统的基本组成

1—油箱；2—高压油泵；3—齿轮泵；4—燃油滤清器；5—调压控制阀；6—共轨管；
7—油轨压力传感器；8—电控喷油器；9—曲轴位置传感器；10—转速传感器；
11—加速踏板；12—其他传感器；13—其他执行器；14—电控单元（ECU）

日本电装公司的 ECD-U2 共轨燃油喷射系统如图 5.25 所示，包括高压供油泵 11、共轨管 4、喷油管、电控单元及多种传感器。

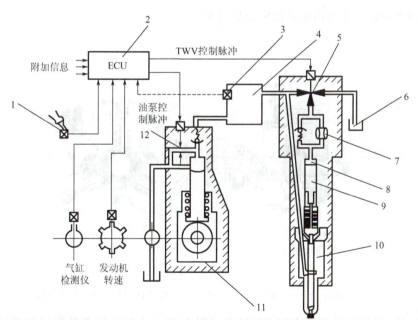

图 5.25 日本电装公司的 ECD-U2 共轨燃油喷射系统

1—加速踏板；2—电控单元；3—燃油压力传感器；4—共轨管；5—三通阀（TWV）；6—燃油箱；
7—节流孔；8—控制室；9—液压活塞；10—喷嘴；11—高压供油泵；12—油泵控制阀

高压供油泵是一个两缸直列泵,该泵的凸轮是一个三叶凸轮,近似三角形,凸轮轴旋转一次,每缸供油三次,装在它上面的油泵控制阀(PCV)12接收来自ECU的指令控制旁通油量,达到控制共轨管内油压的目的。共轨管中的油压由燃油压力传感器3送到ECU中,并经与预先存储在ECU中的油压MAP图(喷油压力与转速、负荷关系图)的比较和修正,进行喷油压力的反馈控制。共轨油压同样作为喷油器的背压(控制室内压力)使用,喷油量与喷油定时的控制依靠三通阀(TWV)5不断变动控制室内的背压来实现,即依靠ECU指令,变化作用在三通阀上的电脉冲宽度来实现循环喷油量的变化,依靠改变脉冲的定时来实现喷油定时的变化,依靠喷油器设计措施和脉冲作用方式的变化来实现喷油率的变化。ECD-U2可实现三角形、靴形和引导喷射三类喷油率形状。

5.6.2 典型结构

1. 高压油泵(high pressure pump)

高压油泵的供油量的设计准则是必须满足在任何工况下,柴油机的喷油量与控制油量之和的需求及起动和加速时的油量变化的需求。由于共轨系统中喷油压力的产生与燃油喷射过程无关,而且喷油定时也不由高压油泵的凸轮来保证,因此高压油泵的压油凸轮可以按照峰值转矩最低、接触应力小和耐磨的设计原则来设计。

博世公司采用由柴油机驱动的3缸径向柱塞泵(图5.26)来产生高达135MPa的压力。该高压油泵在每个压油单元中采用了多个压油凸轮,使其峰值转矩降低为传统高压油泵的1/9,负荷也比较均匀,降低了运行噪声。该系统中高压共轨腔中压力的控制是通过对共轨腔中燃油的放泄来实现的。为了减小功率损耗,在喷油量较小的情况下,将关闭三缸径向柱塞泵中的一个压油单元使供油量减少。

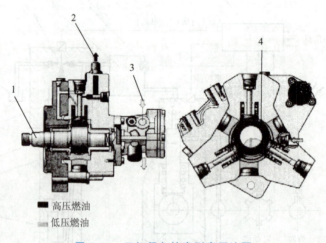

图5.26 三缸径向柱塞型高压油泵
1—凸轮轴;2—出油口(到共轨管);3—机油进油口;4—压油凸轮

ECD-U2系统通过控制直列高压油泵(图5.27)上面的油泵控制阀的旁通油量,即控制低压燃油有效进油量的方法,达到控制共轨管内的油压。其工作原理如图5.28所示,即

(1) 柱塞下行，控制阀开启，低压燃油经控制阀流入柱塞腔。
(2) 柱塞上行，但控制阀中尚未通电，处于开启状态，低压燃油经控制阀流回低压腔。

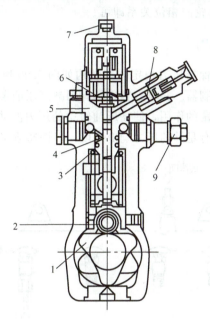

图 5.27　三作用凸轮直列高压油泵

1—三次工作凸轮；2—挺柱体；3—柱塞弹簧；4—柱塞；5—柱塞套；6—外开型电磁阀；
7—接头；8—出油阀；9—溢流阀

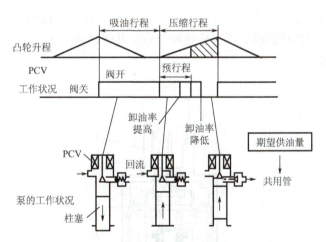

图 5.28　三作用凸轮直列高压油泵工作原理

(3) 达到供油量定时，控制阀通电而关闭，回流油路被切断，柱塞腔中的燃油被压缩，燃油经出油阀进入高压油轨。利用控制阀关闭时间的不同，控制进入高压油轨的油量的多少，从而达到控制高压油轨压力的目的。
(4) 凸轮经过最大升程后，柱塞进入下降行程，柱塞腔内的压力降低，出油阀关闭，停止供油，这时控制阀停止供电，处于开启状态，低压燃油进入柱塞腔，进入下一个循环。

高压供油泵采用小柱塞直径、长行程和低凸轮轴转速的设计，以减少燃油泄漏、运动阻力及驱动力矩高峰值。由于采用两缸直列泵就相当于六缸常规直列泵的功能，从而显著减小了供油泵的尺寸。另外，高压油泵不产生额外的功率消耗，只需要确定控制脉冲的宽度和控制脉冲与高压油泵凸轮的相位关系即可。

2. 共轨管（common rail）

共轨管储存高压燃油，保持压力稳定，其结构如图5.29所示，共轨管上安装有共轨压力传感器、限压阀和流量限制器。共轨管容积具有削减高压油泵的供油压力波动和每个喷油器由喷油过程引起的压力振荡的作用，使高压油轨中的压力波动控制在5MPa以下。但其容积又不能太大，以保证共轨有足够的压力响应速度，以快速适应柴油机工况的变化。

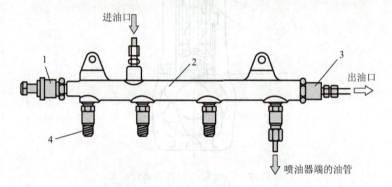

图5.29 Bosch公司共轨燃油喷射系统的共轨管结构

1—共轨压力传感器；2—共轨管；3—限压阀；4—流量限制器

共轨压力传感器由压力传感膜片、分析电路等组成，其结构如图5.30所示。当燃油经小孔流向共轨压力传感器时，压力传感膜片感受共轨燃油压力，通过分析电路，将压力信号转换为电信号。

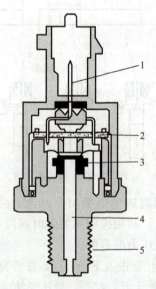

图5.30 共轨压力传感器结构

1—电子接头；2—分析电路；3—压力传感膜片；4—高压油管；5—螺纹

限压阀的作用是限制共轨管中的压力，其结构如图 5.31 所示，当压力超过限压阀中的弹簧力时，柱塞被顶起，高压燃油溢出，通过集油管流回油箱，保证共轨压力不超过系统最大压力。

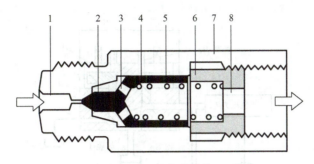

图 5.31　限压阀结构

1—高压油管；2—阀门；3—通道；4—柱塞；5—弹簧；6—限位块；7—阀体；8—通道

流量限制器的作用是防止喷油器出现持续喷油，其结构如图 5.32 所示，柱塞在静止时受弹簧力的作用总是靠在堵头一端。喷油后，喷油器端的压力下降，柱塞在共轨压力的作用下向喷油器端移动，但并不关闭密封锥面。只有在喷油器出现持续喷油，导致柱塞下移量增大时，才封闭通往喷油器的通道，切断供油。

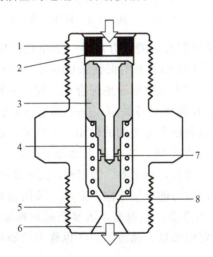

图 5.32　流量限制器结构

1—共轨管接头；2—锁紧垫圈；3—柱塞；4—弹簧；5—壳体；
6—喷油器接头；7—节流孔；8—座面

3. 电控喷油器（electronic injector）

电控喷油器是共轨式燃油系统中最关键和最复杂的部件，它的作用是根据 ECU 发出的控制信号，通过控制电磁阀的开启和关闭，将高压油轨中的燃油以最佳的喷油定时、喷油量和喷油率喷入柴油机的燃烧室。

博世公司的共轨燃油喷射系统和日本电装公司的 ECD-U2 共轨燃油喷射系统的电控

喷油器的结构基本相似，都是由与传统喷油器相似的喷油嘴、液压控制活塞、控制量孔、控制电磁阀等组成的。以 ECD-U2 系统的电控喷油器为例加以说明，其工作原理如图 5.33 所示。

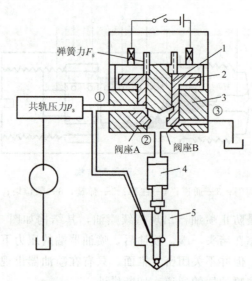

图 5.33　电控喷油器的工作原理

1—内阀；2—外阀；3—阀体；4—液压活塞；5—喷油嘴

ECD-U2 系统的每个喷油器总成的上方均有一个电控 TWV 阀，参看图 5.33。三通阀包括内阀 1 和外阀 2，外阀和电磁线圈的衔铁做成一体，由线圈的通电来指令外阀的运动，阀体 3 则用来支承外阀。三个元件精密地配合在一起，分别形成密封内阀座 A 和外阀座 B，随着外阀的运动，A、B 阀座交替关闭，三个油道（共轨管、回油管和液压活塞上腔）两两交替接通，三通阀仅起压力开关阀的作用，本身并不控制喷油量。

当线圈没有通电时，外阀在弹簧力的作用下落座，内阀在油道①的油压作用下上升（图 5.33），此时密封内阀座 A 开启，油道①、②相通，高压油从①进入液压活塞上腔②中。

当线圈通电时，外阀在电磁力的吸引下向上运动，关闭密封内阀座 A，此时内阀仍停留在上方，外阀座 B 开启，油道②、③相通，活塞上腔向回油室放油，这时喷油器喷油。线圈通电时间即喷油脉宽决定喷油量。油道①、②也称为控制量孔，液压活塞上部的空间称为控制室的容积。

控制室的容积的大小决定了针阀开启时的灵敏度，控制室的容积太大，针阀在喷油结束时不能实现快速的断油，使后期的燃油雾化不良；控制室容积太小，不能给针阀提供足够的有效行程，使喷射过程的流动阻力加大，因此对控制室的容积也应根据机型的最大喷油量合理选择。

控制量孔①、②的大小对喷油嘴的开启和关闭速度及喷油过程有着决定性的影响。因此三个关键性结构是进油量孔①、回油量孔②和控制室，它们的结构尺寸对喷油器的喷油性能影响大。回油量孔与进油量孔的流量率之差及控制室的容积决定了喷油嘴针阀的开启速度，而喷油嘴针阀的关闭速度由进油量孔的流量率和控制室的容积决定。进油量孔的设计应使喷油嘴针阀有足够的关闭速度，以减少喷油嘴喷射后期的雾化不良。

此外喷油嘴的最小喷油压力取决于回油量孔和进油量孔的流量率及控制活塞的端面面积。这样在确定了进油量孔、回油量孔和控制室的结构尺寸后，就确定了喷油嘴针阀完全开启的稳定、最短喷油过程，同时也确定了喷油嘴的稳定最小喷油量。控制室容积的减少可以使针阀的响应速度更快，使燃油温度对喷油量的影响更小。但控制室的容积不可能无限制减少，它应能保证喷油嘴针阀的升程以使针阀完全开启。两个控制量孔决定了控制室中的动态压力，从而决定了针阀的运动规律。

由于高压共轨喷射系统的喷射压力非常高，因此其喷油嘴的喷孔截面积很小，如博世公司的喷油嘴的喷孔直径为 0.169mm×6，在如此小的喷孔直径和如此高的喷射压力下，燃油流动处于极端不稳定状态，油束的喷雾锥角变大，燃油雾化更好，但贯穿距离变小。因此应改变原柴油机进气的涡流强度、燃烧室结构形状以确保最佳的燃烧过程。

对于喷油器电磁阀，由于共轨系统要求它有足够的开启速度，考虑到预喷射是改善柴油机性能的重要喷射方式，控制电磁阀的响应时间应缩短。博世公司的共轨燃油喷射系统开启响应时间为 0.35ms，关闭响应时间为 0.4ms，全负荷能耗为 50W。

思考题

1. 柴油机燃料供给系统由哪些部分组成？
2. 影响柴油机混合气形成和燃烧的主要因素有哪些？
3. 柴油机燃烧室按结构形式分为哪两大类？各自有哪些形式的燃烧室？
4. 说明喷油器的工作原理。
5. 喷油器分为哪两种类型？
6. 简述柱塞式喷油泵的组成及工作原理。
7. 简述分配式喷油泵的组成及工作原理。
8. 柴油机为什么要设置调速器？
9. 简述 RQ 型调速器的基本工作原理。
10. 简述柴油供给装置的组成。
11. 简述活塞式输油泵的工作原理。
12. 高压共轨系统有哪些优点？
13. 简述高压共轨系统的工作原理。

第 6 章
进、排气装置及排气净化装置

教学提示

发动机进、排气装置的作用是供给发动机新鲜空气，并将发动机燃烧后的废气排至大气。一般进气装置主要包括空气滤清器和进气支管。排气装置分为单排气装置和双排气装置。本章除介绍发动机、排气装置外，还介绍了发动机的增压和发动机外部的排气净化装置。

教学目标

要求学生了解发动机进、排气装置的各种结构类型；重点掌握进排气装置主要部件的结构和工作原理；了解增压器和排气净化装置的基本结构和工作原理。

发动机进、排气装置的作用是供给发动机新鲜空气，并将发动机燃烧后的废气排至大气。发动机进、排气装置由进气装置和排气装置构成。进、排气装置的结构如图 6.1 所示。

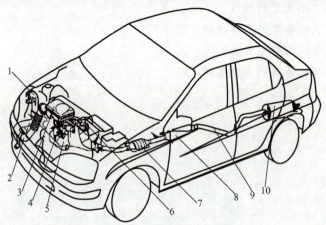

图 6.1 空气滤清器及进、排气装置

1—空气进气口；2—进气管；3—空气滤清器；4—空气流量计；5—进气支管；
6—排气支管；7—三元催化转化器；8—副排气消声器；9—排气管；10—主排气消声器

第6章 进、排气装置及排气净化装置

6.1 进、排气装置

如图 6.1 所示，进、排气装置主要包括空气滤清器、进气支管、排气支管、排气消声器。在汽油喷射式发动机的进气装置中还包括空气流量计。

6.1.1 空气滤清器

空气滤清器的功用是滤除空气中的杂质或灰尘，也有消减进气噪声的作用。空气滤清器一般由进气导流管、空气滤清器盖、空气滤清器外壳和滤芯等组成。空气滤清器有多种结构形式。

1. 纸滤芯空气滤清器

纸滤芯空气滤清器被广泛用于各类汽车发动机上，其结构如图 6.2 所示。微孔滤纸制成的滤芯 1 安装在滤清器外壳 2 中。滤芯的上、下表面是密封面，当拧紧蝶形螺母 4 把滤清器盖 3 紧固在滤清器上时，滤芯下密封面 8 和上密封面 9 分别与滤清器盖及滤清器外壳底部的配合面贴紧密合。滤纸 7 打褶，以增加滤芯的过滤面积和减小滤芯阻力。滤芯外面是多孔金属网 6，用来保护滤芯在运输和保管过程中不使滤纸破损。在发动机工作时，空气从滤芯的四周穿过滤纸进入滤芯中心，随后流入进气管。杂质被滤芯阻留在滤芯外面。纸滤芯有干式和湿式两种。干式纸滤芯可以反复使用。纸滤芯经过浸油处理后即为湿式纸滤芯，不能反复使用，需定期更换。

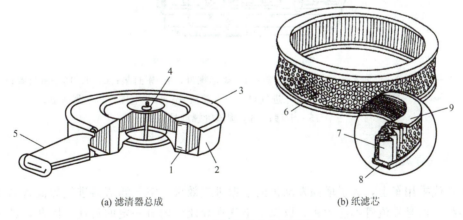

(a) 滤清器总成　　　　　　　　　　(b) 纸滤芯

图 6.2　干式纸滤芯空气滤清器

1—滤芯；2—滤清器外壳；3—滤清器盖；4—蝶形螺母；5—进气导流管；
6—金属网；7—打褶滤纸；8—滤芯下密封面；9—滤芯上密封面

2. 离心式及复合式空气滤清器

离心式空气滤清器多用于大型载货汽车上。在许多自卸车或矿山用汽车上还使用离心式与纸滤芯式相结合的双级复合式空气滤清器（图 6.3）。双级复合式空气滤清器的上体 7 是纸滤芯空气滤清器，下体 12 是离心式空气滤清器。空气从滤清器下体的进气口 10 首先进入旋流管 11，并在旋流管螺旋导向面 16 的引导下产生高速旋转运动。在离心力的作用下空气中的大部分灰尘被甩向旋流管壁并落入集灰盘 14 中，空气则从旋流管顶部进入纸滤芯空气滤清器。空气中残存的细微杂质被纸滤芯 2 滤除。

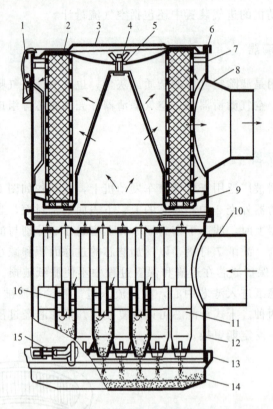

图 6.3 双级复合式空气滤清器

1—卡簧；2—纸滤芯；3—滤清器上盖；4—蝶形螺母；5—密封垫；6、9、13—密封圈；
7—上体；8—出气口；10—进气口；11—旋流管；12—下体；14—集灰盘；
15—卡箍；16—旋流管螺旋导向面

3. 进气导流管

在现代乘用车上，为了增强发动机的谐振进气效果，空气滤清器进气导流管需要有较大的容积。但是导流管不能太粗，以保证空气在导流管内有一定的流速，因此，进气导流管只能做得很长（图 6.4），有利于实现从车外吸气。

6.1.2 进气支管

汽油机进气支管的作用，是将节气门体所供给的可燃混合气或空气，分别送到发动机的各个气缸内。柴油机进气支管的作用，则是将空气分别送到发动机的各个气缸内。

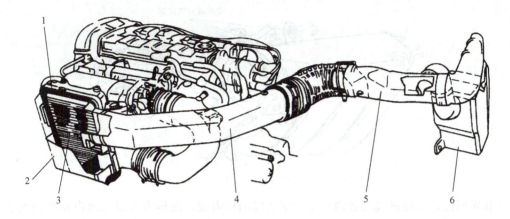

图 6.4 空气滤清器进气导流管

1—空气滤清器外壳；2—空气滤清器盖；3—滤芯；4—后进气导流管；5—前进气导流管；6—谐振室

1. 进气支管的结构

对于化油器式或节气门体汽油喷射式发动机，进气支管指的是化油器或节气门体之后到气缸盖进气道之前的进气管路。它的功用是将空气、燃油混合气从化油器或节气门体分配到各缸进气道。对于气道燃油喷射式发动机或柴油机，进气支管只是将洁净的空气分配到各缸进气道。

一般化油器式或节气门体燃油喷射式发动机的进气支管由合金铸铁制造，乘用车发动机多用铝合金制造。铝合金进气支管质量轻、导热性好。进气道燃油喷射式发动机除应用铝合金进气支管外，近来采用复合塑料进气支管的发动机日渐增多。这种进气支管质量极轻，内壁光滑，无需加工。图 6.5 和图 6.6 所示分别为节气门体燃油喷射式和进气道燃油喷射式发动机的进气支管。

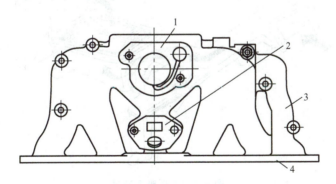

图 6.5 节气门体燃油喷射式发动机的进气支管

1—节气门体安装面；2—废气再循环阀安装面；3—循环冷却液管；4—进气支管安装面

2. 谐振进气装置

利用发动机的进气脉动，使进入发动机的空气在进气门开启时的压力为正压，实现"气体动力增压"，提高发动机的进气量，进而改善发动机的动力性。由于进气过程具有间

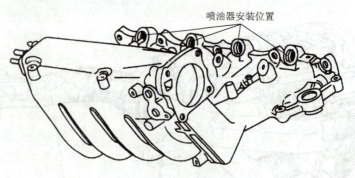

图 6.6 进气道燃油喷射式发动机的进气支管

歇性和周期性，致使进气支管内产生一定幅度的压力波。此压力波以当地声速在进气装置内传播和往复反射。如果利用一定长度和直径的进气支管与一定容积的谐振室组成谐振进气装置（图 6.7），并使其自振频率与气门的进气周期调谐，那么在特定的转速下，就会在进气门关闭之前，在进气支管内产生大幅度的压力波，使进气支管的压力增高，从而增加进气量。这种效应称作进气波动效应。谐振进气装置的优点是没有运动件，工作可靠，成本低。但其只能增加特定转速下的进气量和发动机转矩。

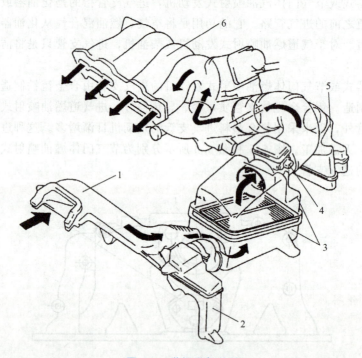

图 6.7 谐振进气装置

1—进气导流管；2—副谐振室；3—空气滤清器；4—空气流量传感器；5—主谐振室；6—进气支管

3. 可变进气支管

为了充分利用进气波动效应和尽量缩小发动机在高、低速运转时进气速度的差别，从而达到改善发动机经济性及动力性特别是改善中、低速和中、小负荷时的经济性与动力性的目的，要求发动机在中、低转速时配用细而长的进气支管，在高速配用短而粗的进气支管。可变进气支管就是为适应这种要求而设计的。

如图6.8所示为一种能根据发动机转速和负荷的变化而自动改变有效长度的进气支管。当发动机低速运转时，发动机电子控制装置5指令转换阀控制机构4关闭转换阀3，这时空气经空气滤清器1和节气门2沿着弯曲而又细长的进气支管流进气缸。细长的进气支管提高了进气速度，增强了气流的惯性，使进气量增多。当发动机高速运转时，转换阀开启，空气经空气滤清器和节气门直接进入短粗的进气支管。短粗的进气支管进气阻力小，也使进气量增多。可变长度进气支管不仅可以提高发动机的动力性，还由于它提高了发动机在中、低速运转时的进气速度而增强了气缸内的气流强度，从而改善了燃烧过程，使发动机中低速的燃油经济性有所提高。

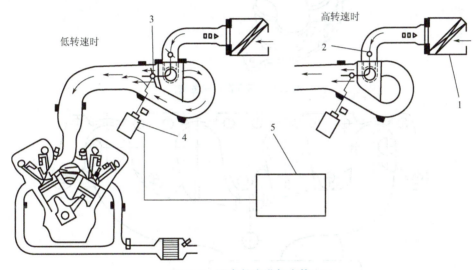

图6.8　可变长度进气支管

1—空气滤清器；2—节气门；3—转换阀；4—转换阀控制机构；5—发动机电子控制装置

6.1.3　排气支管

一般排气支管由铸铁或球墨铸铁制造，采用不锈钢排气支管的汽车越来越多，其质量轻，耐久性好，同时内壁光滑，排气阻力小。排气支管的形状十分重要。为了不使各缸排气相互干扰及不出现排气倒流现象，并尽可能地利用惯性排气，应该将排气支管做得尽可能长，而且各缸支管应该相互独立、长度相等。图6.9所示的不锈钢排气支管的结构较好地满足了上述要求。相互独立的各个支管都很长，而且1、4缸排气支管汇合在一起，2、3缸汇合在一起，可以完全消除排气干扰现象。图6.10所示为铸铁排气支管的结构。

在直列式多缸发动机上，进、排气支管有多种排列方法。第一种是每一对相邻两缸共用一条进气管，这样可使进气支管制造简化；而每缸使用单独的排气管，这样有利于排气的散热，以降低进气支管附近的温度。第二种是部分气缸使用单独的进气管。第三种是每缸都单独使用一条进气管，这样可以减弱相互之间的影响，有利于改善混合气分配的均匀性。柴油发动机将进、排气支管分装在两侧，其目的是避免热机时废气对进气支管加热，以提高发动机的进气量，改善动力性。

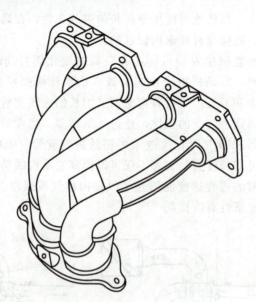

图 6.9　不锈钢排气支管

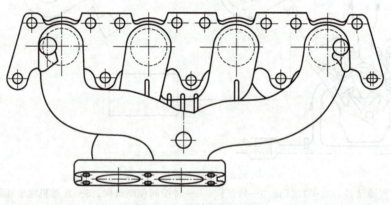

图 6.10　铸铁排气支管

6.1.4　排气消声器

　　排气消声器的作用是减少排气噪声和消除废气中的火焰及火星，使废气安全地排入大气。发动机的废气在排气支管中流动时，因排气门的开闭与活塞往复运动的影响，使气流呈脉动形式。发动机的排气压力为 0.3～0.5MPa，温度为 500～700℃。如果让废气直接排入大气，废气高速流出喷入大气时，将发出脉动噪声和强烈的喷气噪声，同时高温气体排入大气也会对环境造成危害。为消除上述问题，汽车上必须装有消声器。其基本原理是消耗废气流的能量，并平衡气流的压力波。具体方法是：多次变动气流方向；使气流重复通过收缩又扩张的断面；将气流分割为许多小支流，并沿着不平滑的平面流动；将气流冷却。

　　加装排气消声器，不可避免地增加了气流的阻力，使发动机功率下降。排气消声器的阻力应小于 40kPa。采用多种方法的组合式消声器，如图 6.11 所示。本田飞度乘用车排气消声器如图 6.12 所示。

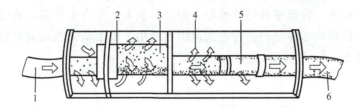

图 6.11 组合式消声器图

1—排气管；2—节流管；3—反射管；4—吸声材料；5—干涉管；6—尾管

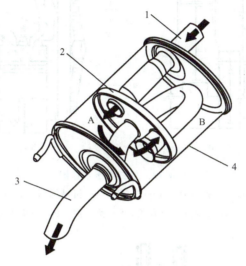

图 6.12 本田飞度乘用车消声器

1—排气管；2—中间隔板；3—尾管；4—外壳；A、B—消声室

6.2 汽车发动机增压

6.2.1 基本原理与分类

增压就是将空气预先压缩后再供入气缸，以期提高空气密度、增加进气量的一项技术。发动机通过增压提高了新鲜空气或混合气的压力及密度，因此可以提高功率及转矩，降低比油耗。增压有机械增压、气波增压和涡轮增压三种基本类型。

机械增压器 4 由发动机曲轴 1 经齿轮增速器 5 驱动［图 6.13(a)］，或由曲轴同步传动带轮经同步传动带 9 及电磁离合器 6 驱动［图 6.13(b)］。机械增压能有效地提高发动机功率，与涡轮增压相比，其低速增压效果更好。另外，机械增压器与发动机容易匹配，结构也比较紧凑。但是，由于驱动增压器需要消耗发动机功率，因此燃油消耗率比非增压发动机略高。

气波增压器中有一个特殊形状的转子 3，由发动机曲轴带轮经传动带 4 驱动（图 6.14）。在转子 3 中发动机排出的废气直接与空气接触，利用排气压力波使空气受到压缩，以提高进气压力。气波增压器结构简单，加工方便，工作温度不高，不需要耐热材料，也无需冷却。与涡轮增压相比，其低速转矩特性好，但是体积大，噪声水平高，安装位置受到一定的限制。目前，这种增压器还只是在低速范围内使用。由于柴油机的最高转速比较低，因此多用于柴油机上。

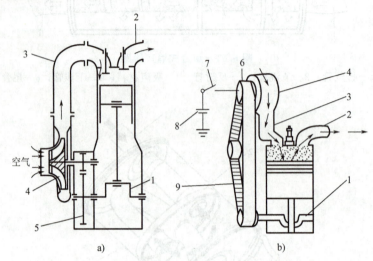

图 6.13　机械增压示意图

1—发动机曲轴；2—排气管；3—进气管；4—机械增压器；5—齿轮增速器；
6—电磁离合器；7—开关；8—蓄电池；9—同步传动带

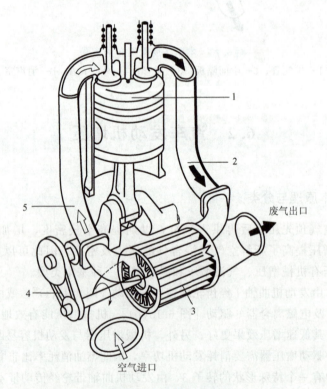

图 6.14　气波增压示意图

1—发动机活塞；2—排气管；3—转子；4—传动带；5—进气管

6.2.2 涡轮增压系统

由于废气涡轮增压可以明显地提高发动机的动力性能，降低比油耗及排放。利用排气能量推动涡轮，带动压气机向发动机提供压力高、密度大的新鲜充量，从而提高功率及转矩。

涡轮增压系统分为单涡轮增压系统和双涡轮增压系统。

1. 单涡轮增压系统

只有一个涡轮增压器的增压系统为单涡轮增压系统，如图 6.15 所示。涡轮增压系统除涡轮增压器之外，还包括进气旁通阀 1、排气旁通阀 9 和排气旁通阀控制装置 10 等。

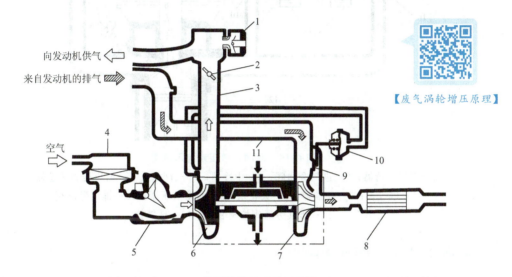

【废气涡轮增压原理】

图 6.15　单涡轮增压系统示意图

1—进气旁通阀；2—节气门；3—进气管；4—空气滤清器；5—空气流量计；6—压气机；
7—涡轮机；8—催化转化器；9—排气旁通阀；10—排气旁通阀控制装置；11—排气管

当发动机工作时，来自发动机的具有一定压力的排气驱动涡轮机叶片，在高速流动的排气冲击下使涡轮机转动，带动与涡轮机同轴的压气机转动，将来自发动机外的空气经空气滤清器、空气流量计吸入并压送至进气管，被压缩的空气经节气门进入气缸，由此提高了发动机的进气量。

2. 双涡轮增压系统

图 6.16 所示为六缸汽油喷射式发动机的双涡轮增压系统示意图。其中两个涡轮增压器并列布置在排气管中，按气缸工作顺序把 1、2、3 缸作为一组，4、5、6 缸作为另一组，每组三个气缸的排气驱动一个涡轮增压器。因为三个气缸的排气间隔相等，所以增压器转动平稳。另外，把三个气缸分成一组还可防止各缸之间的排气干扰。此系统除包括涡轮增压器 9、进气旁通阀 2、排气旁通阀 10 及排气旁通阀控制装置 11 之外，还有中冷器 3、谐振室 4 和增压压力传感器 5 等。

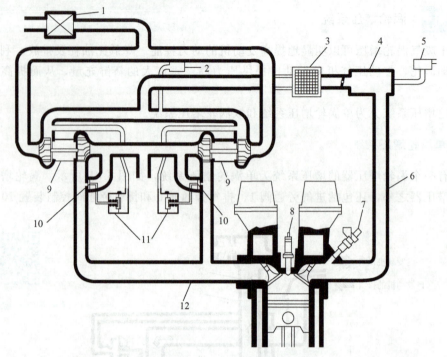

图 6.16 双涡轮增压系统示意图

1—空气滤清器；2—进气旁通阀；3—中冷器；4—谐振室；5—增压压力传感器；
6—进气管；7—喷油器；8—火花塞；9—涡轮增压器；10—排气旁通阀；
11—排气旁通阀控制装置；12—排气管

3. 涡轮增压器（turbocharger）

车用涡轮增压器由离心式压气机和径流式涡轮机及中间体三部分组成（图 6.17）。增压器轴 5 通过两个浮动轴承 9 支承在中间体 14 内。中间体内有润滑和冷却轴承的油道，还有防止润滑油漏入压气机或涡轮机中的密封装置等。

离心式压气机由进气道 6（图 6.17）、压气机叶轮 3、无叶式扩压管 2 及压气机蜗壳 1 等组成。叶轮包括叶片和轮毂，并由增压器轴 5 带动旋转。

当压气机旋转时，空气经进气道进入压气机叶轮，并在离心力的作用下沿着压气机叶片之间形成的流道，从叶轮中心流向叶轮的周边，然后进入叶片式扩压管（图 6.17 中未画出）。扩压管为渐扩形流道，空气流过扩压管时减速增压，温度也有所升高。即在扩压管中，空气所具有的大部分动能转变为压力能。

涡轮机是将发动机排气的能量转变为机械功的装置。径流式涡轮机由蜗壳、喷管、叶轮和出气道等组成（图 6.17）。蜗壳 13 的进口与发动机排气管相连，发动机排气经蜗壳引导进入叶片式喷管。排气流过喷管时降压、降温、增速、膨胀，使排气的压力能转变为动能。由喷管流出的高速气流冲击涡轮机叶轮 10，并在叶片所形成的流道中继续膨胀做功，推动叶轮旋转。

来自发动机润滑系统主油道的机油，经增压器中间体上的机油进口 1 进入增压器（图 6.18），润滑和冷却增压器轴及轴承。然后，机油经中间体上的机油出口 2 返回发动机

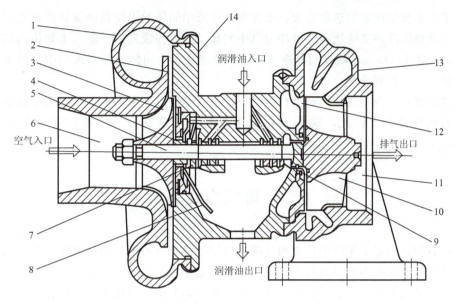

图 6.17 汽车用涡轮增压器结构

1—压气机蜗壳；2—无叶式扩压管；3—压气机叶轮；4—密封套；5—增压器轴；
6—进气道；7—推力轴承；8—挡油板；9—浮动轴承；10—涡轮机叶轮；
11—出气道；12—隔热板；13—涡轮机蜗壳；14—中间体

油底壳。在增压器轴上装有油封，用来防止机油窜入压气机或涡轮机蜗壳内。如果油封损坏，将导致机油消耗量增加和排气冒蓝烟。

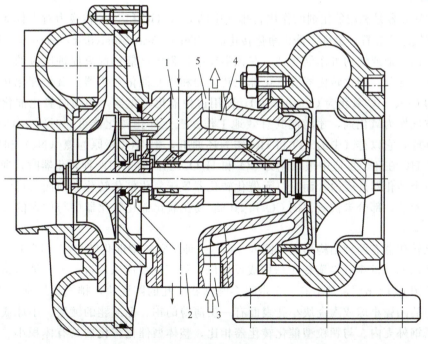

图 6.18 涡轮增压器的润滑油路及冷却水套

1—机油进口；2—机油出口；3—冷却液进口；4—冷却水套；5—冷却液出口

由于汽油机增压器的热负荷大，因此在增压器中间体的涡轮机侧设置冷却水套，并用软管与发动机的冷却系统连通。冷却液自中间体上的冷却液进口 3 流入中间体内的冷却水套 4，从冷却液出口 5 流回发动机冷却系统。冷却液在中间体的冷却水套中不断循环，使增压器轴和轴承得到冷却。

当发动机在大负荷或高转速工作之后，如果立即停机，那么机油可能由于轴承温度太高而在轴承内燃烧。因此，这类涡轮增压发动机应该在停机之前，至少在怠速下运转 1min。

6.3　排气净化装置

世界各国都制定了相应的法规和标准，以期把汽车有害排放物控制在较低的水平。为了满足排放标准，必须对发动机排气进行净化。近年来，汽车界开发和创制出许多净化排气的新技术和新装置。本节只介绍安装在发动机外部的排气净化装置：催化转化器、排气再循环系统、汽油蒸发控制系统等。

汽车排放的污染物主要有一氧化碳（CO）、碳氢化合物（HC）、氮氧化合物（NO_x）和微粒。CO 是燃油的不完全燃烧产物，HC 包括未燃和未完全燃烧的燃油和机油蒸气。NO_x 主要是指 NO 和 NO_2，产生于燃烧室内高温富氧的环境中。微粒主要是指柴油机排气中的碳烟。当前汽车上装备的各种排气净化装置就是为了降低上述污染物的排放。

6.3.1　催化转化器

催化转化器是利用催化剂的作用将排气中的 CO、HC 和 NO_x 转换为对人体无害的气体的一种排气净化装置，也称作催化净化转化器（Three-way Catalytic Converter，TWC）。

金属铂、钯或铑均可作催化剂。在化学反应过程中，催化剂只促进反应的进行，不是反应物的一部分。催化转化器有氧化催化转化器和三元催化转化器。氧化催化转化器只将排气中的 CO、HC 氧化为 CO_2 和 H_2O，使用这种催化转化器，必须向氧化催化转化器供给二次空气作为氧化剂，才能使其有效地工作。三元催化转化器可同时减少 CO、HC 和 NO_x 的排放，它以排气中的 CO 和 HC 作为还原剂，把 NO_x 还原为氮（N_2）和氧（O_2），而 CO 和 HC 在还原反应中被氧化为 CO_2 和 H_2O。当同时采用两种转化器时，通常把两者放在同一个转化器外壳内，而且三元催化转化器置于氧化催化转化器前面。排气经过三元催化转化器后，部分未被氧化的 CO 和 HC 继续在氧化催化转化器中与供入的二次空气进行氧化反应。

催化转化器有两种结构形式（图 6.19）：一种是颗粒型催化转化器 [图 6.19(a)]，由直径为 2～3mm 的多孔性陶瓷小球构成反应床，排气从反应床流过；另一种是整体型催化转化器 [图 6.19(b)]，其中有一个带很多蜂窝状小孔的陶瓷块，排气从蜂窝状小孔流过。转化器内的陶瓷小球或陶瓷块小孔表面有一层薄薄的铂、钯或铑的镀层。小球或陶瓷块均装在不锈钢外壳内。与颗粒型催化转化器相比，整体型催化转化器具有体积小、与排气的接触表面积大和排气阻力小等优点。

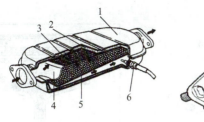
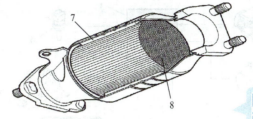

(a) 颗粒型催化转化器　　　　(b) 整体型催化转化器

图 6.19　三元催化转化器结构

1—转化器外壳；2—隔热层；3—转化器内壳；4—挡板；5—陶瓷小球；
6—排气温度传感器；7—整体隔热层；8—陶瓷块

【排气系统】

催化转化器的使用条件相当严格。首先，装有催化转化器的发动机只能使用无铅汽油。如果使用加铅汽油，铅覆盖在催化剂表面将使催化剂失效。其次，仅当温度超过 350℃时，催化转化器才起催化反应。温度较低时，转化器的转化效率急剧下降。因此，催化转化器都安装在温度较高的排气支管后面。再次，必须向装有三元催化转化器的发动机供给理论混合比的混合气，才能保证三元催化转化器有较好的转换效果。如果混合气成分不是理论混合比，那么，CO 和 HC 的氧化反应或 NO_x 的还原反应不可能进行得很完全。另外，发动机调节不当，如混合气过浓或气缸缺火，都将引起转化器过热。

6.3.2　废气再循环装置

废气再循环（Exhaust Gas Recirculation，EGR）是净化排气中 NO_x 的主要方法。废气再循环是指把发动机排出的部分废气回送到进气支管，并与新鲜混合气一起再次进入气缸。由于废气中含有大量的 CO_2，可以使气缸中混合气的燃烧温度降低，从而减少 NO_x 的生成量。为了既减少 NO_x 的排放，又保持发动机的动力性，必须根据发动机的工况对再循环的废气量加以控制。NO_x 的生成量随发动机负荷的增大而增多，因此，再循环的废气量也应随负荷的增大而增加。在暖机期间或怠速时，NO_x 生成量不多，为了保持发动机运转的稳定性，不进行废气再循环。在全负荷或高转速下工作时，为了使发动机有足够的动力性，也不进行废气再循环。

再循环的废气量由废气再循环（EGR）阀自动控制（图 6.20）。EGR 阀 8 安装在废气再循环通道上，废气再循环通道的一端连接排气管 10，另一端通进气管 9。当 EGR 阀开启时，部分废气将从排气管经废气再循环通道进入进气管。电磁阀 6 接收发动机 ECU 的控制信号，电磁阀开启真空通路，在进气管道真空度的作用下，EGR 阀上的膜片被吸起，使阀打开，将来自排气管的废气引入气缸，使 NO_x 排放降低。

6.3.3　柴油机微粒过滤器

微粒是柴油机排放的主要问题。对车用柴油机排气微粒的处理，主要采用过滤法。微粒过滤器（DPF）的滤芯由多孔陶瓷制造，有较高的过滤效率。排气穿过多孔陶瓷滤芯进入排气管，而微粒则滞留在滤芯上。过滤器工作一段时间后，需及时清除存积在滤芯上的

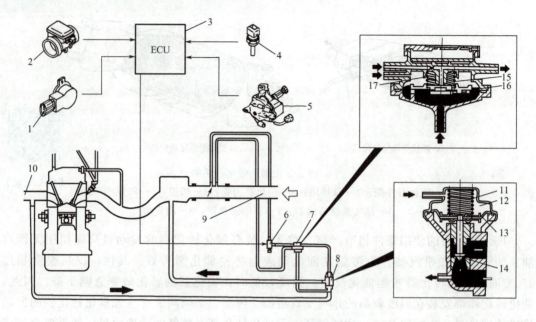

图 6.20 计算机控制排气再循环系统

1—节气门位置传感器；2—空气流量计；3—ECU；4—冷却液温度传感器；5—转速传感器；
6—电磁阀；7—真空调节阀；8—EGR 阀；9—进气管；10—排气管；11、15—弹簧；
12、17—真空膜片室；13、16—膜片；14—锥形阀

微粒，以恢复过滤器的工作能力和减小排气阻力。为此，在过滤器入口处设置一个燃烧器，通过喷油器向燃烧器内喷入少量燃油，并供二次空气，利用火花塞或电热塞将其点燃，将滞留在滤芯上的微粒烧掉。柴油机微粒过滤器如图 6.21 所示。

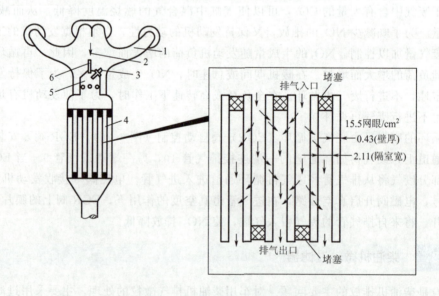

图 6.21 柴油机微粒过滤器

1—排气支管；2—燃油；3—电热塞；4—滤芯；5—燃烧器；6—喷油器

6.3.4 汽油蒸发控制系统

汽油箱和油管中的汽油随时都在蒸发汽化，若不加以控制或回收，则当发动机停机时，汽油蒸气将逸入大气，造成对环境的污染。汽油蒸发控制系统的功用便是将这些汽油蒸气收集和储存在炭罐内，在发动机工作时再将其送入气缸燃烧。

电子控制汽油蒸发控制系统如图 6.22 所示。炭罐 5 内填满活性炭 6。当发动机停机后，汽油箱 1 中的汽油蒸气经气、液分离器 3 和汽油蒸气管 4 进入炭罐 5。汽油蒸气进入炭罐后被其中的活性炭吸附。当发动机起动后，电磁阀 10 开启且连接进气支管 8 的真空软管真空度较大时，新鲜空气自炭罐底部经滤网向上流过炭罐，并携带吸附在活性炭表面的汽油蒸气经电磁阀和真空软管进入进气支管。

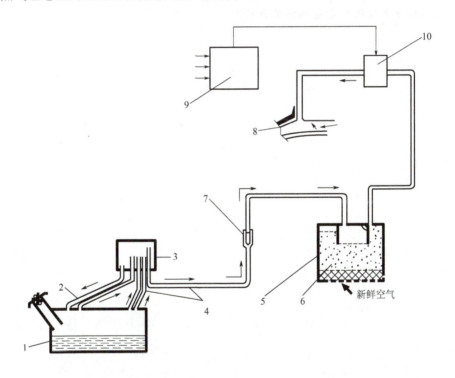

图 6.22　电子控制汽油蒸发控制系统示意图
1—汽油箱；2—回油管；3—气、液分离器；4—汽油蒸气管；5—炭罐；6—活性炭；
7—双通阀；8—进气支管限流阀；9—电控单元；10—电磁阀；

炭罐的外壳一般由塑料制造，内部填充活性炭颗粒。

气、液分离器用来分离液态汽油和汽油蒸气，以防止液态汽油流入炭罐。分离器安装在汽油箱顶部，主要由一组出口朝上的管子组成，其中三根通气管分别接在汽油箱的中央和两侧。这样，不论汽车如何倾斜，至少会有一根通气管高于汽油的液面，使汽油蒸气得以经汽油蒸气管 4 进入炭罐。分离出来的液态汽油从回油管 2 流回汽油箱。

思考题

1. 空气滤清器的作用是什么？常用的有哪几种类型？
2. 为什么发动机在大负荷、高转速时应装备粗短的进气支管，而在低转速和中、小负荷时应装备细长的进气支管？
3. 为什么汽车发动机要安装排气消声器？
4. 排气消声器的原理是什么？
5. 试述废气涡轮增压器的工作原理。
6. 催化转化器在什么情况下会过热？为什么？
7. 在什么情况下不进行废气再循环？为什么？
8. 炭罐起什么作用？它是如何工作的？

第 7 章 冷却系统

教学提示

发动机工作时，气缸内燃烧气体的温度可高达 2500℃，过高的温度将使金属材料的强度显著下降，润滑油也将因高温烧损变质或黏度下降，这会导致运动零件卡死或加剧磨损，因此对发动机必须加以适度冷却。

教学目标

要求学生掌握冷却系统的功用、组成、冷却强度的调节及冷却系统主要机件的结构和工作原理。重点了解强制循环式水冷系统中冷却液的循环路径。

7.1 概 述

发动机工作时，为了防止发动机过热，通过冷却发动机，并使其保持适宜温度范围的系统称为冷却系统（cooling system）。

发动机气缸内燃烧气体的温度最高可达 2500℃，与高温气体直接接触的气缸壁、气缸盖、活塞、气门等零部件，随着吸收热量的过度增高，其工作状态将受到极大影响，因此需要采取措施，对发动机进行适度冷却。

当发动机温度超过其适宜温度范围时，称为发动机过热，即冷却不足。在这种情况下，气缸内零部件因受热膨胀过大而破坏正常的配合间隙，严重时运动零部件会出现卡死现象；气缸壁的润滑油膜因高温而破坏，机油易变质；发动机过热，使气缸的充气效率下降、工作过程恶化等，导致发动机动力性、经济性、排放性能等下降。

当发动机温度过低时，称为发动机过冷，即冷却过度。在这种情况下，会降低发动机的热效率，造成热损失；不利于可燃混合气的形成和燃烧；因机油黏度大而供给不足。发动机过冷会造成与发动机过热相近的结果。

7.1.1 功用与组成

1. 功用

发动机冷却系统的功用是使发动机在各种工况下都保持在适宜的温度范围内工作。对于汽车发动机,广泛采用水冷式冷却系统,即要求发动机体水套中适宜的温度为80~90℃,防止发动机过热和过冷。此外发动机冷起动时,需要使发动机暖机,迅速达到适宜的温度。

发动机的冷却方式有两种:水冷式(water cooling)和风冷式(air cooling)。以冷却液为冷却介质的冷却系统称为水冷却系统;以空气为冷却介质的冷却系统称为风冷却系统。由于汽车发动机较少采用风冷却系统,本章不做赘述。

2. 组成

汽车发动机水冷却系统如图7.1所示。这是一种强制循环式水冷却系统(forced-feed water circulation system)。该系统由散热器1、风扇3、水泵4、节温器5、百叶窗(图中未画出)、气缸盖水套6和气缸体水套7等组成。

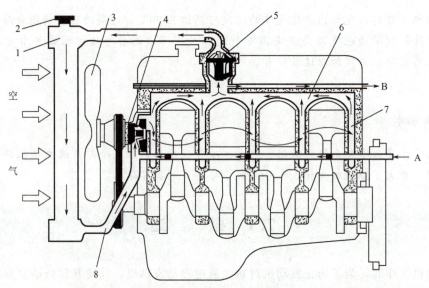

图7.1 发动机强制循环式水冷系统示意图

1—散热器;2—散热器盖;3—风扇;4—水泵;5—节温器;6—气缸盖水套;
7—气缸体水套;8—散热器出水软管;A—自暖风机出口;B—至暖风机进口

强制循环式水冷却系统,通过水泵提高冷却液的压力,促进冷却液在冷却系统中循环流动,将发动机内部的热量输送到发动机外部,经散热器散发到大气中。如图7.1所示,水泵4在发动机曲轴带轮的带动下,通过散热器出水软管8将散热器1下部的冷却液吸入并压送至气缸体水套7,冷却液从气缸壁吸热而升温,然后流向气缸盖水套6,吸热升温后的冷却液经节温器5,通过进水软管流入散热器1。冷却液流经散热器1芯部时,冷却液携带的热量被流过芯部的空气带走,温度下降,冷却液再次被吸入水泵4的进水口。如此循环往复,不断地将发动机内部的热量散发到大气中,使在高温条件下工作的发动机零部件得到冷却。

7.1.2 冷却强度调节

汽车发动机冷却系统必须保证发动机在常用工况和较高气温情况下使发动机冷却可靠。如果发动机的使用条件（如转速、负荷和气温等）发生变化，发动机冷却系统的散热能力必须随之改变，以保证发动机总是在适宜的温度状况下工作。把发动机冷却系统散热能力的改变称为冷却强度调节。冷却强度调节的方式有两种：冷却液流量调节和空气流量调节。冷却液流量调节是通过改变流经散热器内的冷却液流量来加以调节的。空气流量调节则是通过改变流经散热器芯部的空气流量加以调节的。

1. 改变流经散热器内的冷却液流量

为了保证发动机在不同的负荷和转速条件下处于适宜的温度范围内工作，冷却系统中设有调节冷却液流量的装置——节温器等。发动机水套冷却液的温度由冷却液温度传感器感知，设在驾驶室仪表板上的冷却液温度表显示温度的变化。

冷却液流量调节是通过节温器来控制的。如图7.2所示，节温器2装置在发动机气缸盖水套3出口处，节温器如同冷却液流动路径上的阀门，控制着两条冷却液流动通道，一条通往散热器1，另一条直接通往水泵5的入口。当发动机冷起动时，冷却液温度低，为使发动机迅速达到适宜的温度，节温器将通往散热器的通道关闭，开启通往水泵入口的通道，使冷却液不流经散热器，而经旁通管进入水泵入口。这样，冷却液在发动机水套—节温器—水泵—水套之间循环，把这种循环称为冷却液小循环[图7.3(a)]。当发动机冷却液温度升高到一定值时，节温器关闭直接通往水泵入口的通道，将通往散热器的通道逐渐开启，使冷却液流经散热器冷却。此时，冷却液在发动机水套—节温器—散热器—水泵—水套之间循环，把这种循环称为冷却液大循环[图7.3(b)]。冷却液是进行大循环还是小循环，由节温器来控制。

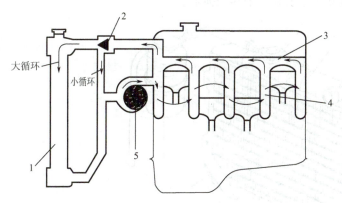

图7.2 冷却液流量调节

1—散热器；2—节温器；3—气缸盖水套；4—气缸体水套；5—水泵

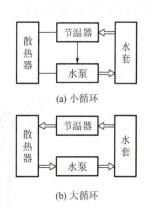

图7.3 冷却液循环示意图

【冷却液循环路线】

2. 改变流经散热器芯部的空气流量

冷却液携带的热量主要是由散热器散发到大气中的，流过散热器芯部的空气流量越多，散热的效果越好。流过散热器芯部的空气流量取决于空气流经散热器芯部的面积和流速。控制空气流量的方式有两种，一种是通过装置在散热器前端的百叶窗来调节空气流经散热器芯部的面积，另一种是利用风扇来加速空气的流速。

有的载货汽车和大型客车上装有百叶窗（shutter）。在发动机冷起动或环境温度较低时，部分或全部关闭百叶窗，减少或遮挡散热器芯部的通风面积，以利于冷却液温度迅速上升或保证发动机在适宜的温度范围内工作。百叶窗的开度由驾驶人操纵控制，也可以用感温器自动控制。

风扇用来加速流经散热器芯部的空气流速，从而降低冷却液温度。风扇的驱动动力来自发动机，风扇的转速随发动机转速的变化而变化，风扇转速越高，消耗发动机功率越多且风扇噪声越大。在发动机冷起动或环境温度较低（如冬天）时，冷却液温度较低，此时并不需要风扇参与工作。为了减少发动机的功率损失，节省燃油，使风扇能根据冷却液温度的变化而适时地参与工作，在现代汽车发动机上大多装置风扇离合器。风扇离合器有硅油式、电磁式或电动式等。

7.2 主要部件及冷却液

7.2.1 散热器

散热器（radiator）的功用是将冷却液所携带的热量散入大气中以降低冷却液温度。

1. 散热器的结构

散热器的构造如图 7.4 所示，它由上储水室、散热器芯和下储水室三部分构成。从节温器来的冷却液先流入散热器的上储水室 2，然后流入散热器芯 6 的冷却管，热的冷却液通过冷却管上的散热片向空气散热，空气流过散热片缝隙时带走热量，冷却液降温，随后流入散热器的下储水室 7。散热器实际上是一个热交换器。

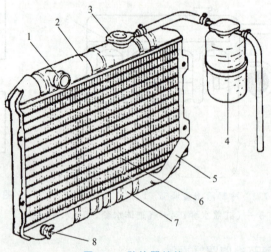

图 7.4 散热器结构

1—进水管；2—上储水室；3—散热器盖；4—补偿水桶；5—出水管；
6—散热器芯；7—下储水室；8—放水口

散热器芯主要有管片式和管带式等结构形式。图 7.5 所示为管片式散热器芯，它由冷却管 1 和散热片 2 组成。冷却管是焊在上、下储水室之间的直管，有扁管和圆管之分。与圆管相比，扁管在容积相同的情况下散热表面较大。扁管与多层散热片焊接，使散热器芯部散热面积扩大。管片式结构具有气流阻力小、结构刚度好及承压能力强、制造工艺比较复杂等特点。

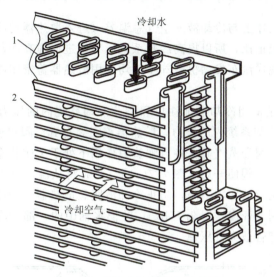

图 7.5　管片式散热器芯示意图

1—冷却管；2—散热片

图 7.6 所示为管带式散热器芯，它由冷却管 1 及波形散热带 2 组成。冷却管为扁管并与波形散热带相间焊接。为增强散热能力，在波形散热带上加工有鳍片。由于管带式散热器芯比管片式散热器芯散热能力强，因此应用日益增多。管带式结构具有制造简单、质量轻、成本低、结构刚度差等特点。

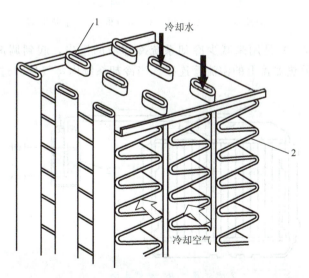

图 7.6　管带式散热器芯示意图

1—冷却管；2—波形散热带

散热器的材料要求热传导率高、抗腐蚀能力强、有足够的强度、易于成型和钎焊等。散热器除用黄铜制造外,也有用铝、锌等材料制造的。有的散热器采用复合塑料制造上、下储水室。

2. 散热器盖（radiator cap）和补偿水桶（compensation reservoir）

散热器的散热量大体上与冷却液—空气总温差（进入散热器的冷却液温度与流经散热器的空气温度之差）成正比,所以提高冷却系统压力,进而提高冷却液的沸点是增加散热量的有效方法之一。现代汽车发动机冷却系统均采用散热器盖密闭冷却液加注口的封闭系统,即闭式水冷系统。

散热器盖的作用是密闭冷却液加注口和调节冷却系统内的压力。散热器盖的结构如图 7.7 所示,为调节冷却系统内的压力,散热器盖安装有真空阀和蒸气阀。当发动机热状态在正常范围时,真空阀和蒸气阀在各自弹簧力作用下处于关闭状态。当冷却系统内蒸气压力超过预定值时,蒸气阀便开启 [图 7.7(a)],此时将从溢流管中流出一部分冷却液到补偿水桶,使冷却系统内的压力下降,防止冷却液胀裂散热器。当冷却系统内蒸气压力低于大气压力时,真空阀便开启 [图 7.7(b)],补偿水桶中的一部分冷却液从溢流管流回散热器,防止散热器冷却管被大气压瘪。

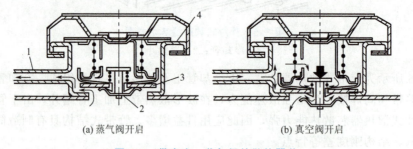

(a) 蒸气阀开启　　　　　(b) 真空阀开启

图 7.7　带真空—蒸气阀的散热器盖

1—溢流管；2—真空阀；3—蒸气阀；4—散热器盖

补偿水桶（图 7.8）是用来减少冷却系统冷却液的溢失,起到调剂冷却液量的作用。补偿水桶用软管与散热器盖上的溢流管连接。当冷却系统内蒸气压力过高时,部分冷却液

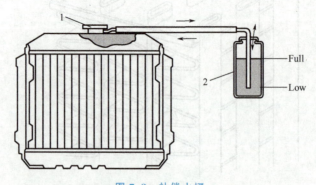

图 7.8　补偿水桶

1—散热器盖；2—补偿水桶

流入补偿水桶；当冷却系统内产生一定的真空度时，补偿水桶内的部分冷却液又被吸回散热器。在补偿水桶的外表面上刻有两条显示液面高度的标记线："Low"（低）和"Full"（满）。补偿水桶内的液面应位于两条标记线之间。

7.2.2 节温器

节温器（thermostat）有折叠式节温器（folding thermostat）和蜡式节温器（wax-like thermostat）之分。由于蜡式节温器使用广泛，这里仅介绍蜡式节温器的结构和工作原理。

蜡式节温器分为单阀和双阀两种。单阀蜡式节温器的结构如图7.9所示。推杆2的一端固定在支架1上，另一端插入胶管6内。胶管与感温体7之间装有精制石蜡5，当冷却液温度低于规定值时，石蜡呈固态，在弹簧8的作用下关闭阀门3［图7.9(a)］，冷却液流向散热器的通道被切断，冷却液经旁通孔、水泵返回发动机，进行小循环。当冷却液温度达到规定值后，石蜡开始熔化而逐渐变成液体，体积随之增大并压迫胶管使其收缩。在胶管收缩的同时，对推杆作用以向上的推力。由于推杆上端固定，因此推杆对胶管和感温体产生向下的反推力使阀门开启［图7.9(b)］。这时冷却液经节温器阀进入散热器，并由散热器经水泵流回发动机，进行大循环。

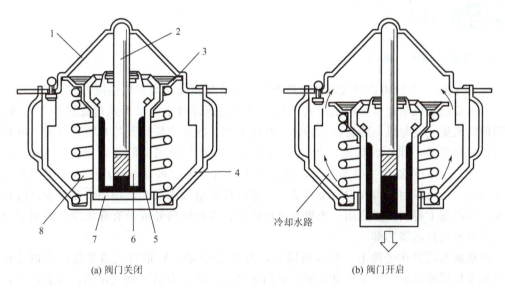

(a) 阀门关闭　　　　　　　　　　　(b) 阀门开启

图7.9　单阀蜡式节温器的结构

1—支架；2—推杆；3—阀门；4—节温器外壳；
5—石蜡；6—胶管；7—感温体；8—弹簧

国产轿车捷达、桑塔纳及奥迪100型等，均采用蜡式节温器。

7.2.3 水泵

水泵的功用是通过对冷却液升压，促进冷却液在冷却系统中的循环流动。发动机上广泛采用离心式水泵，其特点是结构简单、尺寸小、工作可靠、制造容易等。图7.10(a)所示为离心式水泵示意图。离心式水泵主要由水泵壳体2、水泵轴4和水泵叶轮5等组成。

水泵轴与水泵叶轮固接，当水泵轴在带轮的驱动下转动时，水泵叶轮一同旋转，叶轮上各叶片之间的冷却液被叶轮带动旋转，冷却液在离心力的作用下不断地被甩向水泵壳体的内缘，即叶轮叶片外端处冷却液压力增高，使冷却液从出水口3流出。叶轮叶片内端处冷却液不断地被甩向外端而压力降低，散热器中的冷却液经进水口1被吸入水泵中心，然后又被叶轮甩向外端。叶轮的叶片呈有径向或向后弯曲，数目为6~9片，其结构如图7.10（b）所示。

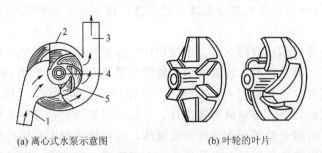

(a) 离心式水泵示意图　　　　(b) 叶轮的叶片

图 7.10　离心式水泵

1—进水口；2—水泵壳体；3—出水口；4—水泵轴；5—水泵叶轮

7.2.4　风扇

1. 风扇的功用与结构

风扇（fan）的功用是增大流经散热器芯部的空气流速，增强散热能力。

汽车发动机风扇通常采用轴流式风扇，即风扇旋转时空气沿着风扇旋转轴方向流动。风扇的扇风量主要与风扇的直径、转速、叶片形状、叶片安装角及叶片数目有关。叶片形状有弧形和翼形，叶片数目通常为4片或6片，叶片与风扇旋转平面倾角一般为30°~45°。叶片之间的间隔角一般不相等，以减小旋转时产生的振动和噪声。叶片可用薄钢板冲压制成，也可以用塑料或铝合金铸成。翼形叶片风扇效率较高，功率消耗较少，故在轿车和轻型汽车上得到广泛应用。为提高风扇效率，有的风扇外围设有导风罩，以利于冷却空气全部通过散热器芯部。

风扇通常装置在带轮上，与水泵同轴，由V带驱动。V带将风扇带轮、曲轴带轮和发电机带轮联系起来。V带传动需要一定的张紧力，张紧力达不到规定值，带会打滑，风扇和水泵的转速会降低；张紧力超过规定值，会增加水泵轴承磨损。将发电机带轮作为张紧轮来调节带的张紧力。带的张紧力也称为风扇带松紧度。

2. 硅油风扇离合器（silicon oil fan clutch）

硅油风扇离合器是一种以硅油为传动介质的液力传动离合器，硅油的流动靠感温器感知散热器的气流温度来控制。硅油风扇离合器的结构示意图如图7.11所示。硅油风扇离合器由主动轴10、主动板8、从动板7、离合器壳体6、双金属感温器3和阀片5等组成。主动板8与主动轴10固结，并由带轮驱动；从动板7与离合器壳体6、风扇12固结成一体，由轴承支撑。从动板将离合器壳体内部分割成两个容腔，从动板左侧的容腔称为储油

冷却系统 第7章

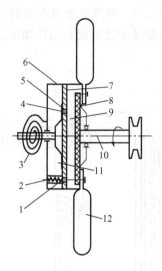

图 7.11 硅油风扇离合器

1—回油孔；2—钢球弹簧阀；3—双金属感温器；4—进油孔；
5—阀片；6—离合器壳体；7—从动板；8—主动板；
9—工作腔；10—主动轴；11—储油腔；12—风扇

腔 11，储存硅油；从动板右侧的容腔称为工作腔 9。在从动板上设有进油孔 4 和回油孔 1。储油腔内的硅油通过进油孔进入工作腔，从回油孔再返回储油腔。进油孔由装置在离合器壳体上的双金属感温器 3 和阀片 5 控制，回油孔由钢球弹簧阀 2 控制，钢球弹簧阀 2 为单向阀。

当流过散热器芯部气流的温度较低时，螺旋形的双金属感温器 3 使铍青铜的阀片 5 遮闭进油孔 4，储油腔 11 的硅油此时不能流入工作腔 9 内。工作腔内没有硅油，主动板在工作腔内空转，主动板的转矩不能传到从动板上，离合器处于分离状态。离合器壳体上的风扇叶片在主动板密封毛毡圈摩擦力的作用下，以很低的转速旋转。当流过散热器芯部气流的温度超过一定值时，双金属感温器 3 的金属片受热变形，带动阀片 5 转过一定角度，开启进油孔 4，储油腔中的硅油通过此孔进入工作腔中。主动板利用硅油的黏性带动从动板，使离合器壳体和风扇转动，离合器处于接合状态。进入工作腔的硅油在离心力的作用下甩向外缘，顶开钢球弹簧阀 2 并通过回油孔 1 流回储油腔，然后通过进油孔进入工作腔，形成循环。硅油在循环时产生的热量由离合器壳体上的散热片散至大气。当流过散热器芯部气流的温度低于一定值时，双金属感温器控制阀片关闭进油孔，硅油不再进入工作腔，残留在工作腔中的硅油在离心力的作用下不断地返回储油腔，直至硅油被排空，离合器此时又处于分离状态。

3. 电动风扇（electric fan）

电动风扇是将风扇装置在电动机驱动轴上，电动机通电时风扇随驱动轴转动，风扇转速与发动机转速无关。由于电动风扇具有结构简单、布置方便、不消耗发动机功率等特点，在现代轿车上普遍采用。

电动风扇工作示意图如图 7.12 所示。冷却液温度传感器 4 感知发动机冷却液的温度，并将温度变化信号传输给温度开关 8。当冷却液温度达到一定值时，温度开关 8 将导通电路向电动风扇离合器 1 供电，风扇 2 随之转动；当冷却液温度低于一定值时，温度开关将切断电路，风扇停止转动。

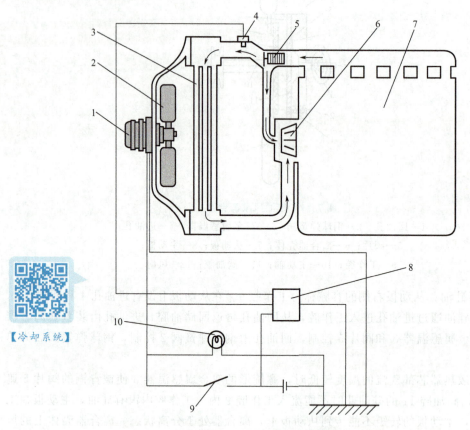

图 7.12　电动风扇离合器
1—电动风扇离合器；2—风扇；3—散热器；4—冷却液温度传感器；5—节温器；
6—水泵；7—水套；8—温度开关；9—开关；10—指示灯

【冷却系统】

桑塔纳 2000GSi、奥迪 100、捷达等轿车采用的电动风扇分为两挡，风扇转速由温控热敏电阻开关控制。当冷却液流出散热器的温度为 92~97℃时，热敏开关接通风扇电动机的 1 挡，这时风扇转速为 2300r/min；当冷却液温度升高到 99~105℃时，热敏开关接通风扇电动机的 2 挡，这时风扇转速升为 2800r/min；当冷却液温度降到 84~91℃时，热敏开关切断电源，风扇停转。

7.2.5　冷却液

冷却液又称防冻液。作为发动机的冷却介质，具有冷却、防冻、防垢、防腐、防沸等作用，直接影响到发动机的使用寿命。冷却液的沸点可达 106℃以上，可防止出现发动机"开锅"现象；加入防冻剂后，其冰点可达到 −68~−15℃，可以有效防止冬季结冰冻裂气缸体和散热器。

冷却液一般由防冻剂、水、添加剂三部分组成。应用最广泛的防冻剂是乙二醇，它具有稳定性好、沸点高、黏度适中，与橡胶相容性好等特点。水占冷却液的30%～60%，是冷却液的重要组成部分，必须使用蒸馏水或去离子水，对水的硬度、腐蚀离子含量都有相应规定。冷却液中使用的添加剂，主要有缓蚀剂、缓冲剂、防垢剂、防泡剂和染色剂等。这些添加剂分别用来减缓金属部件的腐蚀；维持一定的pH，防止酸化；防止金属离子与负离子结合形成水垢，分散水垢成微小的悬浮颗粒；消除泡沫产生的气穴危害；具有醒目的颜色，以便识别。

冷却液牌号即为其冰点值。并不是冰点越低的冷却液越好，应选用比车辆运行地区最低温度再低10℃的冷却液，以确保在特殊情况下冷却液不冻结。若因冷却系统渗漏引起散热器液面降低，应及时补充同一品牌的冷却液。应定期更换冷却液，一般为汽车行驶40000～50000km或2年更换一次。

思考题

1. 冷却系统的功用是什么？冷却过度和冷却不足各对发动机有何影响？
2. 典型水冷却系统由哪些主要部件组成？各起什么作用？
3. 水冷却系统中为什么要装节温器？什么叫大循环？什么叫小循环？
4. 为什么要采用风扇离合器？简述硅油风扇离合器的基本工作原理。
5. 水冷系统的节温器在夏季是否可以摘除？为什么？

第 8 章 润滑系统

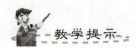
教学提示

发动机中有许多做高速相对运动的摩擦副,若不对这些摩擦副表面进行润滑,将造成发动机功率消耗、零件摩擦生热磨损加剧、影响发动机寿命等严重后果。

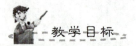
教学目标

要求学生掌握润滑系统的功用、组成、润滑方式及润滑系统主要机件的工作原理。重点了解润滑油路中润滑油的工作路径。

8.1 概 述

在发动机内部有若干对摩擦副,这些零件表面既要承担相应负荷,又做高速相对运动。如曲轴主轴颈与主轴承、曲柄销与连杆轴承、凸轮轴颈与凸轮轴轴承,以及活塞、活塞环、气缸壁等工作表面,因摩擦会产生大量热。若这些摩擦表面没有润滑油,将会形成干摩擦,导致零件温度急剧升高,加速零件工作表面磨损或烧损,严重时会使零件"粘接"在一起。因此,为保证发动机正常工作,提高可靠性和耐久性,必须润滑摩擦副零件表面,从而形成液体摩擦,减小摩擦阻力,降低发动机功率消耗。

8.1.1 功用与组成

1. 功用

润滑系统(lubrication system)的功用是在发动机工作时不断地向运动零件的摩擦表面输送清洁和充足的润滑油。润滑油的流动兼有冷却和清洁的功能。

发动机使用的润滑油也称机油。

2. 组成

发动机润滑系统主要由油底壳、集滤器、机油泵、机油滤清器和机油冷却器等零部件组成。此外还装有起限压、安全等作用的各种压力阀，以及机油油压表、温度表和机油管道等。

油底壳用来储存润滑油；集滤器用来滤除润滑油中粗大的杂质；机油泵连续不断地提供一定压力的润滑油，保证进行压力润滑和润滑油在润滑系统内能循环流动；机油滤清器用来滤除润滑油中的金属磨屑、机械杂质和润滑油氧化物；机油滤清器有机油粗滤器和机油细滤器之分；机油冷却器用来降低润滑油的温度。

8.1.2 润滑方式与润滑油路

1. 润滑方式

润滑方式有3种，分别用于发动机中不同工作条件的摩擦副。

1）压力润滑（pressure lubrication）

压力润滑是一种通过机油泵将润滑油施加一定压力后输送到承受负荷较大摩擦表面的润滑方式。如曲轴主轴承、连杆轴承及凸轮轴轴承等摩擦表面采用压力润滑。

2）飞溅润滑（splash lubrication）

飞溅润滑是一种通过运动零件将油底壳的润滑油击溅呈油滴或油雾来润滑负荷较小摩擦表面的润滑方式。如气缸壁面和配气机构的凸轮、挺柱等零件的工作表面采用飞溅润滑。

3）润滑脂润滑（grease lubrication）

润滑脂润滑是一种通过润滑脂嘴定期加注润滑脂来润滑零件工作表面的润滑方式。如水泵、发电机、起动机等部件轴承的润滑采用润滑脂润滑。

2. 润滑油路

现代汽车发动机润滑系统的油路随发动机工作条件和具体结构的不同而有差异。如图8.1所示为某4缸发动机的润滑系统示意图。曲轴的主轴颈、连杆轴颈、凸轮轴轴颈、摇臂轴等采用压力润滑；活塞、活塞环、活塞销、气缸壁、凸轮面等采用飞溅润滑。

如图8.2所示为该发动机润滑油路示意图。发动机工作时，机油泵将油底壳中的润滑油经集滤器过滤后吸入，并形成一定压力后向机油滤清器供油。经滤清器过滤后的润滑油进入发动机主油道。润滑油被分别输送到各个曲轴主轴颈轴承和各个凸轮轴轴颈轴承。曲轴主轴颈轴承处的润滑油经曲轴上的斜油道流向连杆轴颈轴承。主油道的润滑油经分油道润滑摇臂轴，以及推杆球头和气门端。所有润滑油都会流回油底壳。

当机油泵所供润滑油油压超过一定值时，机油泵上的限压阀开启，润滑油返回机油泵入口。当机油滤清器因润滑油太脏堵塞时，机油滤清器盖上设置的旁通阀开启，润滑油不流经滤清器而由旁通阀直接进入主油道，保证主油道有润滑油供给。在主油道上还装有机油压力感应器，润滑油压力在驾驶室仪表板机油油压表上显示。若润滑油压力低于规定值时，机油油压报警灯闪亮或蜂鸣器鸣响报警。

汽车构造（上册）

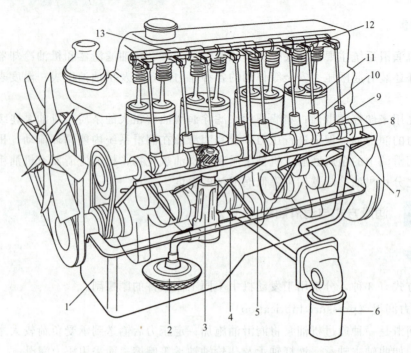

图 8.1　发动机润滑系统示意图

1—油底壳；2—集滤器；3—机油泵；4—曲轴主轴颈；5—曲轴连杆轴颈；6—机油滤清器；
7—主油道；8—凸轮轴；9—凸轮；10—挺杆；11—推杆；12—摇臂；13—摇臂轴

【润滑系统示意图】

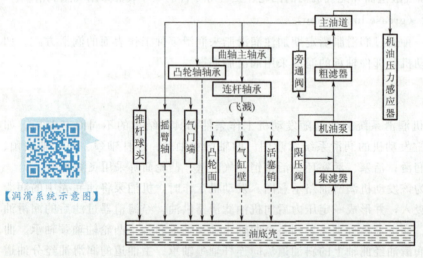

图 8.2　发动机润滑油路示意图

　　丰田 SPARKY 汽车发动机润滑系统示意图如图 8.3 所示（图中箭头部分为压力润滑油路）。转子式机油泵 1 向机油滤清器 4 供油，过滤后的润滑油进入发动机主油道 6，主油道的润滑油分别进入曲轴 5 的主轴颈轴承和连杆轴颈轴承。此外，主油道的润滑油还流向可变配气机构，一方面通过机油控制阀 11 向可变配气定时器 10 供油，另一方面向进气门凸轮轴 8 和排气门凸轮轴 7 供油。

润滑系统 第8章

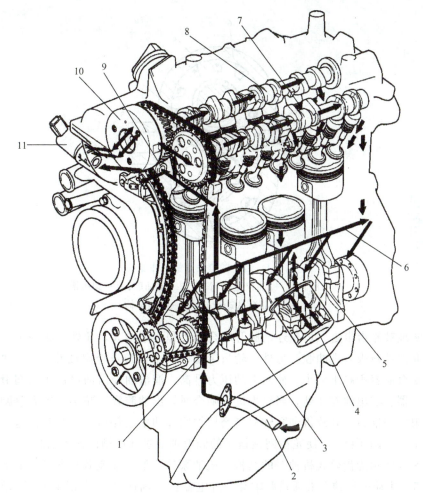

图 8.3　丰田 SPARKY 汽车发动机润滑系统示意图

1—转子式机油泵；2—集滤器连接管；3—机油泵旁通阀；4—机油滤清器；5—曲轴；6—主油道；
7—排气门凸轮轴；8—进气门凸轮轴；9—旁通阀；10—可变配气定时器；11—机油控制阀

8.2　主要部件及润滑剂

8.2.1　机油泵

现代汽车发动机润滑系统常用的机油泵有齿轮式和转子式两种。

1. 齿轮式机油泵（gear type oil pump）

齿轮式机油泵的工作原理如图 8.4 所示。它主要由主动轴、主动齿轮 2、从动轴、从动齿轮 5、泵体 6 等组成。主动齿轮 2 由主动轴驱动，从动齿轮 5 套在从动轴上，主动齿轮 2 与从动齿轮 5 啮合。当主动齿轮带动从动齿轮按图 8.4 所示方向旋转时，进油腔 1 处

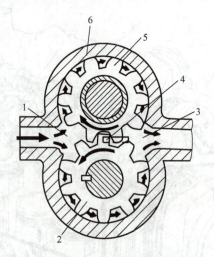

【齿轮式机油泵】

图 8.4　齿轮式机油泵的工作原理
1—进油腔；2—机油泵主动齿轮；3—出油腔；4—卸压槽；
5—机油泵从动齿轮；6—机油泵体

的机油不断地被轮齿带走、齿轮逐渐脱开啮合而容积逐渐增大，此处形成一定的真空，油底壳中的润滑油被吸入进油腔。另外，轮齿带走的润滑油被送至出油腔 3，出油腔因轮齿逐渐进入啮合而容积趋于减小，使润滑油压力升高，润滑油经出油口被压入润滑油道，流向机油滤清器。在出油腔 3 处，当轮齿进入啮合时，出油腔容积减小，压力急剧升高，形成对齿轮很大的推力，导致机油泵轴衬套磨损加剧和功率消耗增大。为改善这一状况，在泵盖上加工一道卸压槽 4，使轮齿间被挤压的润滑油通过卸压槽流入出油腔。

如图 8.5 所示为齿轮式机油泵的结构。机油泵体上装有主动齿轮轴 1、主动齿轮 4 和从动齿轮 5。主动齿轮轴上端通过联轴套与分电器传动轴连接，下端则用半圆键 3 与主动齿轮装配在一起。机油泵盖 9 上有与机油集滤器相通的进油口、与机油粗滤器相通的出油口，有限压阀 6 及旁通孔等结构。

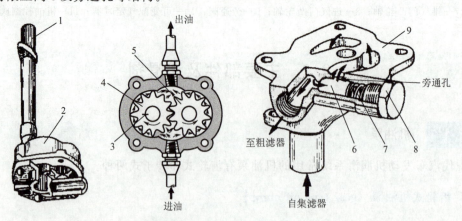

图 8.5　齿轮式机油泵的结构
1—主动齿轮轴；2—油泵壳体；3—半圆键；4—主动齿轮；5—从动齿轮；
6—限压阀；7—限压阀弹簧；8—螺塞；9—油泵盖

机油泵齿轮与泵体的配合间隙（端面间隙和径向间隙）影响机油泵的使用性能，因此配合间隙要符合规定值。间隙过大，机油易泄漏，不容易建立高油压；间隙过小，会产生磨损或形成运动阻力。

齿轮式机油泵具有效率高、工作可靠、功率损失小及制造成本较高等特点，其应用广泛。

2. 转子式机油泵（rotor-type oil pump）

转子式机油泵的工作原理如图 8.6 所示。它主要由内转子 2、外转子 3、机油泵体 4 及机油泵盖等组成。内转子用键或销固定在主动轴 1 上，由曲轴齿轮直接或间接驱动；外转子 3 松套在泵体内。内转子有 4 个凸齿（图 8.7），外转子有 5 个凹齿，内、外转子之间存在一定的偏心距。内转子带动外转子同向转动，但不同步。内、外转子工作面轮廓为一对共轭曲线，内、外转子啮合时，可形成 4 个工作腔。当某一工作腔转到进油口时，由于转子间脱离啮合，容积增大，产生真空，润滑油经进油口被吸入工作腔内。当该工作腔转到出油口时，容积减小，油压升高，润滑油经出油口被压出。

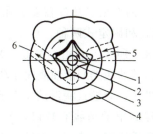

图 8.6 转子式机油泵的工作原理

1—主动轴；2—内转子；3—外转子；4—机油泵体；5—进油口；6—出油口

【转子式机油泵】

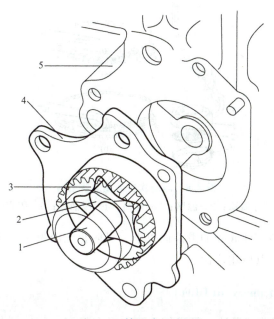

图 8.7 转子式机油泵

1—主动轴；2—内转子；3—外转子；4—机油泵体；5—发动机体

转子式机油泵具有结构紧凑、质量轻、供油均匀、噪声小、泵油量大、成本低等特点，在中、小功率高速发动机上的应用广泛。

8.2.2 机油滤清器

机油滤清器用来滤清润滑油中的金属屑、机械杂质及润滑油氧化物，防止这些物质进入发动机零件的摩擦表面，以免零件表面被拉毛、刮伤，减缓零件磨损，避免堵塞润滑通道。

润滑油的供给量与润滑油滤清程度是一对矛盾。润滑油滤清程度要求越高，润滑油流动阻力越大。为解决这对矛盾，在发动机润滑系统中设有几个不同滤清能力的滤清器：集滤器、粗滤器、细滤器。在润滑油道中，可采取将滤清器串联或并联的形式。与主油道串联的滤清器，称为全流式滤清器；与主油道并联的滤清器，称为分流式滤清器。这里只涉及集滤器和粗滤器的结构。

1. 集滤器（suction filter）

集滤器用来滤除润滑油中较大的杂质。集滤器安装在机油泵进油管上，其滤清装置多采用滤网式结构。集滤器有浮筒式和固定式两种。

浮筒式机油集滤器结构如图 8.8 所示。它由浮筒 3、滤网 2、浮筒罩 1 及吸油管 4 等构成。浮筒 3 是空心的，利用其浮力随油底壳润滑油液面浮动，此结构能吸入液面上层较清洁的润滑油，但油面上的泡沫易被吸入，会导致润滑油压力下降。集滤器的中央有环口，靠滤网的弹性将环口紧压在罩板上。浮筒罩的边缘有缺口，与浮筒装合后形成吸入润滑油的狭缝，滤除粗大的杂质。若滤网被杂质堵塞，滤网上方的真空度增大，克服滤网的弹力，滤网上升且环口离开浮筒罩，润滑油便直接从环口进入吸油管，以保证润滑油的供给。

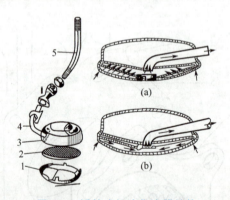

图 8.8 浮筒式机油集滤器结构

1—浮筒罩；2—滤网；3—浮筒；4—吸油管；5—固定管

固定式集滤器固装在油底壳润滑油面以下，可防止泡沫吸入。这种集滤器具有结构简单、润滑可靠等特点，其应用广泛。

2. 机油粗滤器（primary oil filter）

机油粗滤器用来滤除润滑油中粒度较大（直径在 0.05～0.1mm 以上）的杂质。机油粗滤器通常属全流式滤清器（full-flow oil filter），它串联在机油泵与主油道之间，对机油产生较小的流动阻力。根据滤芯的不同,粗滤器有不同的结构形式,有金属片式、纸质式等。由于纸质式粗滤器结构简单、质量轻、成本低等特点,被现代汽车发动机普遍采用。

如图 8.9 所示为东风 EQ6100-1 型发动机的纸质滤芯式机油粗滤器。它主要由滤清器壳体、滤芯和旁通阀等组成。滤清器壳体由上盖 1 和外壳 3 组成。滤芯 4 用经过树脂处理的微孔滤纸制成。滤芯的两端由环形密封圈 2 和 6 密封。用金属丝网或带有网眼的薄铁皮作为滤芯的骨架,微孔滤纸折叠成波纹形以利增大过滤面积(图 8.10)。

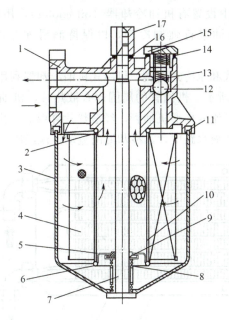

图 8.9 纸质滤芯式机油粗滤器

1—上盖;2、6、10、11、14、16—密封圈;3—外壳;4—滤芯;5—托板;7—拉杆;8—弹簧;
9—垫圈;12—旁通阀;13—弹簧;15—阀座;17—螺母

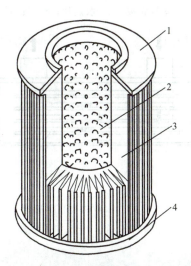

图 8.10 纸质滤芯

1—上端盖;2—芯筒;3—微孔滤纸;4—下端盖

机油粗滤器工作时，润滑油由上盖的进油孔进入滤芯周围（图 8.9），通过滤芯过滤后，从上盖的出油孔流出，进入主油道。当滤芯被积污堵塞，其内外压差达到 0.15～0.17MPa 时，旁通阀 12（图 8.9）即被顶开，大部分机油不经滤芯滤清，直接进入主油道，以保证主油道有润滑油供给。

8.2.3　机油冷却器

有的发动机润滑系统中设置有机油冷却器（oil cooler），用以发动机大负荷、高转速下长时间工作时，对润滑油进行强制冷却，以保持润滑油在适宜的温度范围内（70～80℃）工作。

机油冷却器分为风冷式和水冷式两类。风冷式机油冷却器利用汽车行驶时的迎面风对润滑油进行冷却。如图 8.11 所示，机油管的周围焊有散热片，机油管和散热片常用导热性好的黄铜制造。润滑油从进口流入扁形机油管，经散热片降温后从出口流出。如图 8.12 所示，水冷式机油冷却器装在冷却液水路中，靠冷却液的流动使流经冷却器的润滑油降温。

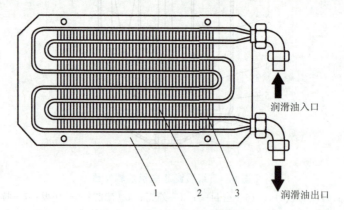

图 8.11　风冷式机油冷却器

1—安装底板；2—散热片；3—机油管

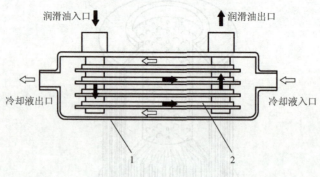

图 8.12　水冷式机油冷却器

1—冷却液箱；2—机油散热管

8.2.4　润滑剂

汽车发动机所使用的润滑材料有两种：润滑油和润滑脂。

1. 润滑油的主要作用

润滑与减摩：在摩擦副零件表面形成油膜，减少摩擦阻力，降低磨损，减少发动润滑动力消耗等是润滑油的首要作用。

冷却：靠润滑油的循环流动，带走部分摩擦热和燃烧传导的热量。

密封：辅助活塞环密封，防止燃气窜入曲轴箱。

清洁：润滑油中的清净分散剂能清洗掉部件表层的漆膜沉积物，使油泥和其他污染物分散成细小颗粒，悬浮在油中，保持机件清洁。

防腐防锈：润滑油中的添加剂，可以综合燃料燃烧时的酸性产物和润滑油氧化时产生的有机酸。

2. 润滑油的分类

国际上通用的润滑油分类方法有两种，一种是按润滑油的黏度等级分类，即 SAE（美国汽车工程师协会）分类法；另一种是按润滑油性能（品质）分类，即 API（美国石油学会）分类法。

美国工程师学会（SAE）按照润滑油的黏度等级，把润滑油分为冬季用润滑油和非冬季用润滑油。冬季用润滑油有 6 种牌号：SAE0W、SAE5W、SAE10W、SAE15W、SAE20W 和 SAE25W。非冬季用润滑油有 4 种牌号：SAE20、SAE30、SAE40 和 SAE50。标号越大，黏度越高。上述牌号的润滑油只是单一的黏度等级，也称为单级润滑油。使用单级润滑油时，需要根据季节和气温的变化，注意更换润滑油。能满足季节和温度变化两方面黏度要求的润滑油称为多级润滑油，其牌号有 SAE5W-20、SAE10W-30、SAE15W-40、SAE20W-40 等。例如，SAE10W-30 在低温下使用时，具有与 SAE10W 号润滑油一样的黏度特性，而在高温下使用时，又具有与 SAE30 号润滑油一样的黏度特性。目前使用的润滑油大多数具有多黏度等级，这样的润滑油可以冬夏通用。

API 性能分类法是美国石油学会（API）根据润滑油的性能及其最适合的使用场合，把润滑油分为 S 系列和 C 系列两类。S 系列为汽油机油，目前有 SA、SB、SC、SD、SE、SF、SG 和 SH 共 8 个级别。C 系列为柴油机油，目前有 CA、CB、CC、CD 和 CE 共 5 个级别。标号越靠后，质量等级越高，适用的机型越新或强化程度越高。其中，SA、SB、SC 和 CA 等级别的润滑油，除非汽车制造厂特别推荐，否则已不再使用。

我国的润滑油分类法参照 ISO 分类方法。GB/T 28772—2012 规定，按润滑油的性能和使用场合分为汽油机油和柴油机油。汽油机油有 SE、SF、SG、SH(GF-1)、SJ(GF-2)、SL(GF-3)、SM(GF-4)、SN(GF-5) 共 8 个级别。柴油机油有 CC、CD、CF、CF-2、CF-4、CG-4、CH-4、CI-4、CJ-4 共 9 个级别。

3. 润滑脂

ISO 给予润滑脂的定义：润滑脂是由稠化剂分散在液体润滑剂中形成的一种稳定的半流体至固态状产品，还可加入赋予某种特性的添加剂和填料。

润滑脂具有不流失、不飞溅、使用温度范围宽（-20～120℃）、耐压性高、使用寿命长等特点。发动机所用润滑脂分为钙基脂、锂基脂、复合钙基脂及复合锂基脂等。使用时须根据不同季节、各类润滑脂的特点，考虑润滑部位的工作温度、负荷、速度和环境等，按有关标准选用。

思考题

1. 润滑系统的功用是什么？它由哪些部件组成？
2. 发动机通常采用哪几种机油滤清器？
3. 试述齿轮式机油泵和转子式机油泵的构造和工作原理。
4. 润滑油路中如果不装限压阀将引起什么后果？
5. 简述发动机压力润滑油路的主要路径。
6. 试解释 SAE15W-40 有什么样的黏度特性？

第 9 章
点火系统与起动系统

教学提示

　　汽油发动机工作时采用点燃式着火方式，所设置的点火系统专门用于点燃气缸内压缩终了的高温高压的可燃混合气。其主要功能是按照汽油机工作的要求，定时地产生高压电点燃气缸内的高温高压的可燃混合气。

　　现代汽车的起动电机电路是一个大电流的电路，由蓄电池产生的电能通过起动电机中的电磁场相互作用转变为机械能。现代内燃机需要 90~150A 的电流驱动曲轴以 400r/min 或更高的速度转动，以便可靠起动。

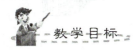
教学目标

　　要求学生掌握发动机汽油机点火系统和起动系统的主要部件、各自的作用及工作原理。

9.1　概　　述

　　汽油发动机工作时采用点燃式着火方式，因此，它必须设置一个独立的系统用于专门点燃气缸内压缩终了的高温高压的可燃混合气——点火系统（ignition system）。
　　点火系统的主要功能是按照汽油机工作的要求，定时、可靠地产生高压电点燃气缸内的高温高压的可燃混合气。

9.1.1　点火系统的分类

　　按照点火系统的组成和产生高压电的方法不同，分为传统点火系统、电子点火系统、微机控制点火系统以及磁电机点火系统。
　　（1）传统点火系统。以蓄电池或发电机提供 12V 的低压直流电源，通过点火线圈和断电器将低压电转变为高压电,再经过配电器分配到各缸火花塞,使火花塞两电极之间产生电火花,点燃混合气。

(2) 电子点火系统。由点火线圈和三极管以及集成电路构成点火器的作用,将电源的低压电转变为高压电。它是目前国内外汽车上广泛应用的点火系统。

(3) 微机控制的点火系统。由点火线圈和微机控制装置产生的点火信号,将电源的低压电转变为高压电。微机控制的点火系统已广泛应用于各种轿车上。微机控制的点火系统根据工作方式不同可分为有分电器的点火系统和无分电器的点火系统。

(4) 磁电机点火系统。它由磁电机产生低电压,通过内部的电磁线圈产生高压电,并送入气缸火花塞点燃可燃混合气,而不需要另设低压电源。结构简单,主要用于各种小型汽油发动机上。

目前,汽车发动机的点火系统与汽车的其他电器设备一样,国内外汽车几乎都采用单线制和负极搭铁。

9.1.2 传统点火系统的组成及工作原理

1. 传统点火系统的组成及功用

传统点火系统的组成如图 9.1 所示,主要包括电源、点火线圈、分电器、火花塞等。

(1) 电源 (electrical source)。点火系统的电源为蓄电池或发电机,其作用是给点火系统提供低压电源,电压一般为 12V 或 24V。

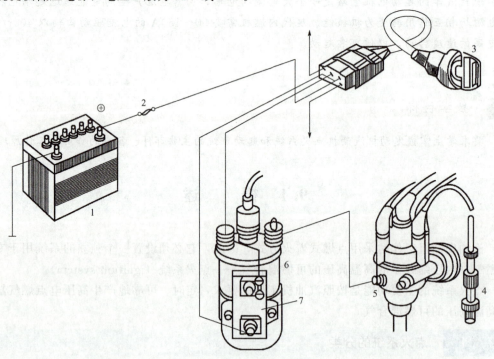

图 9.1 传统点火系统的组成

1—蓄电池;2—熔断器;3—点火开关;4—火花塞;5—分电器;
6—点火线圈;7—点火线圈附加电阻

（2）点火线圈（ignition coil）。其作用是将 12V 低压电变成 15～20kV 的高压电。其结构与自耦变压器相似。点火线圈的初级点火线圈匝数少、导线粗，次级点火线圈匝数多、导线细。

（3）分电器（distributor）。分电器包括断电器、配电器、电容器和点火提前机构等部分。断电器的作用是接通与切断初级电路；配电器的作用是将点火线圈产生的高压电，按照发动机的工作顺序送至各缸火花塞；电容器的作用是减少断电器触点火花，延长触点使用寿命和提高次级电压；点火提前机构的作用是随发动机转速、负荷和汽油辛烷值变化改变点火提前角。

（4）火花塞（spark plug）。其作用是将高压电引入气缸并产生电火花点燃混合气。

（5）附加电阻（affixation resistance）。附加电阻用来改善点火性能和起动性能。

（6）点火开关（ignition switch）。点火开关用来控制点火系统的初级电路；还用来控制仪表电路、起动继电器电路等。

2. 传统点火系统的工作原理

图 9.2 所示为传统点火系统的工作原理电路图。断电器 7 凸轮在凸轮轴的驱动下随之旋转，使断电器触点交替地闭合和打开。当点火开关 3 接通后，如触点闭合，便接通蓄电池（或发电机）向初级点火线圈供电，其电路是：蓄电池 1 正极—电流表 2—点火开关 3—点火线圈 5"开关+"接线柱—附加电阻 4—点火线圈"开关"接线柱—点火线圈的初级点火线圈—点火线圈"一"接线柱—断电器触点—搭铁—蓄电池负极。初级电流 i_1 流经的电路，称为低压电路或初级电路。初级电流在初级点火线圈中逐渐增大至某一值，并建立较强的磁场。当凸轮将触点顶开时，初级电路被切断，初级电流及磁场迅速消失，在两个点火线圈的每一匝中都感应出电动势。由于次级点火线圈的匝数多，所以在次级点火线圈内就感应出 15～20kV 的电动势。此时，随凸轮同轴旋转的分火头恰好对准某缸的旁电极，该高压电经配电器加于火花塞，它足以击穿火花塞的电极间隙并产生火花，点燃混

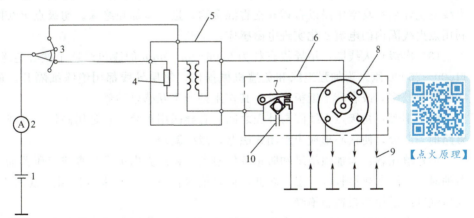

图 9.2 传统点火系统的工作原理电路图
1—蓄电池；2—电流表；3—点火开关；4—附加电阻；5—点火线圈；
6—分电器总成；7—断电器；8—配电器；9—火花塞；10—电容

合气。高压电流 i_2 的回路（电感放电）是：次级点火线圈—附加电阻 4—点火线圈"开关＋"接线柱—点火开关 3—电流表 2—蓄电池 1—搭铁—火花塞 9 侧电极—中心电极—配电器 8（旁电极、分火头）—次级点火线圈。一般从点火线圈到火花塞的电路被称为高压电路，或称为次级电路。

综上所述，断电器触点每打开一次，产生一次高压电，当分电器轴转动一圈时，由配电器按照点火顺序将高压电轮流引至各气缸点火一次。发动机工作时，该过程周而复始地进行，若要停止发动机工作，只要断开点火开关即可。

9.2　传统点火系统

传统点火系统主要部件包括点火线圈、分电器和火花塞等。

9.2.1　点火线圈

点火线圈的作用是将电源的 12V 低压电转变为 15～20kV 高压电。点火线圈按有无附加电阻，可分为带附加电阻型和不带附加电阻型；按铁心形状不同，可分为开磁路式和闭磁路式；按功能差异，分为普通型和高能型。

1. 开磁路点火线圈

传统的开磁路点火线圈的基本结构如图 9.3 所示，主要由铁心、绕组、胶木盖、瓷杯等组成。

（1）铁心：由互相绝缘的条形硅钢叠制而成，各片间利用氧化油层或涂绝缘漆隔离，外层套有绝缘套管，其作用是增强磁通。

（2）初级点火线圈：用导线直径为 0.5～1.0mm 的漆包线分层绕于初级点火线圈外层，以利于散热，初级点火线圈为 230～370 匝。外面包有数层绝缘纸，以增强绝缘。点火线圈绕好后在真空中浸以石蜡和松香混合物，进一步加强绝缘。初级点火线圈的作用是利用点火线圈内的电流变化实现电磁感应。

（3）次级点火线圈：用导线直径为 0.06～0.10mm 的漆包线绕于铁心绝缘套管外部，11000～26000 匝。为加强绝缘和免遭机械损伤，每层导线都用绝缘纸隔开，最外层的绝缘纸层数较多，或者套上纸板套管。其作用是产生互感电动势。

（4）钢套：初级点火线圈与外壳之间装有导磁用钢套。它是用磁钢片卷成筒形，构成磁路的一部分，使铁心形成半封闭式磁路，减少漏磁。

（5）填充物：为加强绝缘和防止潮气浸入，在外壳内填满沥青或变压器油，填充变压器油时，线圈散热性较好，温升较低，而且绝缘性好。近年来也使用六氟化硫（SF_6）等气体绝缘或采用塑料造型绝缘。

（6）附加电阻：三柱式点火线柱壳体外部装有一附加电阻，附加电阻两端连于胶木盖上的"开关＋"和"开关"接线柱，其作用是改善点火性能。两柱式点火线圈无附加电阻，在点火开关与点火线圈"＋"接线柱间连入一根附加电阻线。附加电阻的作用是改善点火性能。

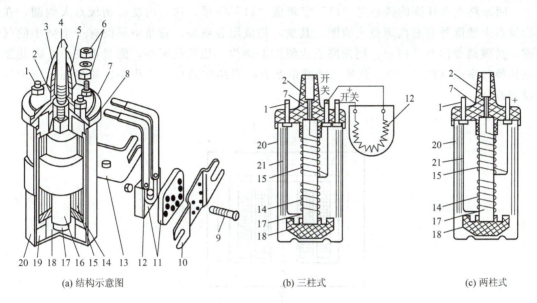

(a) 结构示意图　　　　　　　(b) 三柱式　　　　　　　(c) 两柱式

图 9.3　开磁路点火线圈的基本结构

1—接线柱；2—初级点火线圈引出头及弹簧；3—橡胶罩；4—高压阻尼线；5—高压线插座；
6—螺母及垫圈；7—胶木盖；8—橡胶密封圈；9—螺钉及螺母；10—附加电阻盖；
11—附加电阻（瓷质绝缘体）；12—附加电阻及接片片；13—固定夹；
14—初级点火线圈；15—次级点火线圈；16—绝缘纸；17—铁心；
18—绝缘座；19—沥青材料；20—外壳；21—导磁钢套

2. 闭磁路点火线圈

传统的开磁路点火线圈中，次级点火线圈在铁心中的磁通通过导磁钢套构成回路，如图 9.4 所示，磁力线的上、下部分从空气中通过，磁路的磁阻大、泄漏的磁通量多，因此磁路损失大，转换效率低（约 60%）。

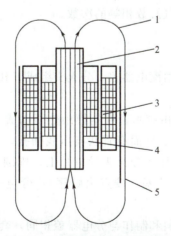

图 9.4　开磁路点火线圈的磁路

1—磁力线；2—铁心；3—初级点火线圈；4—次级点火线圈；5—导磁钢片

闭磁路点火线圈的铁心是"日"字形或"口"字形，铁心内绕有初级点火线圈，在初级点火线圈外面有次级点火线圈，其铁心构成闭合磁路，磁路中只设有一个微小的气隙，其磁路如图9.5所示。闭磁路点火线圈漏磁少、磁路磁阻小，能量损失小，因此能量转换效率高（约75%）。此外，闭磁路点火线圈结构简单、体积小、质量轻，应用日益普遍。

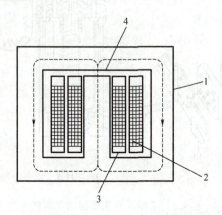

图 9.5　闭磁路点火线圈的磁路
1—"日"字铁心；2—次级点火线圈；3—初级点火线圈；4—空气隙

9.2.2　分电器

分电器由断电器、配电器、点火提前装置和电容器组成，如图9.6所示。

1. 断电器（breaker）

断电器由底板、触点和凸轮等组成，其作用是接通和切断低压电路，主要由一对触点和凸轮组成。凸轮的凸角数和发动机的气缸数相等。工作时，分电器轴带动凸轮转动。当凸轮凸角顶在触点臂上时，触点打开；当凸轮凸角离开触点臂时，触点闭合。凸轮转一周，将初级电路接通和切断与气缸数相等的次数。

2. 配电器（distributor）

配电器装于断电器上部，由配电器盖、分火头组成。其作用是将高压电按点火顺序分至各火花塞。

（1）配电器盖。配电器盖由胶木粉在钢模中热压而成，耐压耐热好。配电器盖装于分电器顶端，用两弹性夹卡固。外面有管状高压线插孔，中心为中央高压线插孔，连于点火线圈，孔内有压簧炭柱，压于分火头导电片上；周围均布有与气缸数相等的旁电极和分缸高压线插孔，插孔连火花塞（按点火顺序），旁电极对准分火头端部导电片，并有一间隙。

（2）分火头。分火头的材料和制作与分电器盖相同，套装于分电器的顶端（凸轮体顶端圆柱面），用弹性片卡紧，由凸轮带动随分电器轴一起旋转。分火头顶面铆有导电片，其端部与旁电极有0.2～0.8mm的气隙。顶部压着中央高压线插孔中的炭柱。

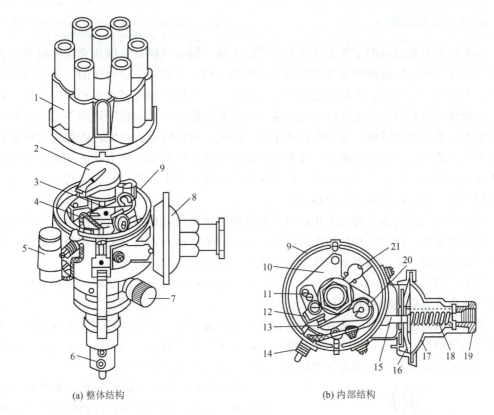

(a) 整体结构　　　　　　　　　　　　　(b) 内部结构

图 9.6　FD632 型分电器

1—分电盖；2—分火头；3—凸轮；4—断电触点及底板总成；5—电容器；6—联轴器；
7—油杯；8—真空调节器；9—分电器壳体；10—活动底板；11—偏心螺钉；
12—固定触点及支架；13—活动触点；14—接线柱；15—拉杆；16—膜片；
17—真空调节器外壳；18—弹簧；19—螺母；20—触点臂弹簧片；21—油毡

3. 电容器（capacitor）

电容器用固定夹和螺钉安装于分电器壳体的外面，与断电器触点并联。如图 9.7 所示，电容器由两锡箔（或铝箔）带和两条石蜡纸带相互叠加，卷成圆柱形，装入铝壳内形成。纸带比锡箔带宽，以保证绝缘良好。一条锡箔带上接软导线，引出壳体，接于分电器外壳的低压接线柱上；另一条锡箔带通过接铁片接于壳体，直接搭铁。

图 9.7　电容器

1—纸带；2—箔带；3—软导线；4—外壳；5—引线

4. 点火提前装置

点火时刻对发动机的工作和性能有很大的影响。混合气燃烧，即从火花塞间隙跳火到混合气燃烧完毕，气缸内的温度和压力上升到最大值，是需要一定时间的。虽然这段时间很短，不过千分之几秒，但是发动机的转速很高，在这样短的时间内曲轴却转过较大的角度。若恰好在活塞到达上止点时点火，混合气开始燃烧时，活塞已开始向下运动，使气缸容积增大、燃烧压力降低，发动机功率下降。因此，应提前点火，即在活塞进行压缩行程到达上止点之前火花塞间隙跳火，理想情况是使燃烧室内的气体压力在活塞到达压缩行程至上止点后 10°~15°时达到最大值。这样混合气燃烧时产生的热量，在做功行程中得到最有效的利用，可以提高发动机的热效率。

火花塞跳火到活塞压缩至上止点时所对应的曲轴转角，称为点火提前角。能使发动机获得最佳动力性、经济性和最佳排放时的点火提前角，称为最佳点火提前角。最佳点火提前角不是固定值，其影响因素主要有发动机转速和混合气的燃烧速度。

当节气门开度一定时，随着发动机转速的升高，单位时间内曲轴转过的角度增大，点火提前角应随发动机转速升高而增大。

当发动机转速一定时，随着负荷增加节气门开度增大，单位时间内吸入气缸内的可燃混合气数量增加，压缩行程终了时燃烧室内的温度和压力增高。同时残余废气在气缸内混合气中所占的比例减少，混合气燃烧速度加快，点火提前角应适当减小。

在汽车运行中，发动机的转速和负荷是经常变化的。为此一般设有两套自动调节点火提前角的装置：一套是离心点火提前装置，随发动机转速的变化自动地调节点火提前角；另一套是真空点火提前装置，随发动机负荷的变化自动地调节点火提前角。

9.2.3 火花塞

火花塞的作用是将高压电引进发动机燃烧室，在电极间形成火花，以点燃可燃混合气。火花塞安装在气缸盖的火花塞孔内，下端电极伸入燃烧室，上端连接分缸高压线。火花塞是点火系统中工作条件最恶劣、要求高和易损坏部件。

如图 9.8 所示，火花塞主要由接触头 1、瓷绝缘体 2、中心电极 10、侧电极 9 和壳体 5 等组成。瓷绝缘体用氧化铝陶瓷经压铸成型后，表面涂白色瓷釉再烧结而成。中心电极和侧电极一般采用耐高温、耐腐蚀的镍锰合金钢制成，也有采用铂、铱、钇等稀有金属作为中心电极材料，以提高耐热性能。中心电极与金属杆利用导电玻璃熔接为一体，与侧电极构成火花塞间隙。

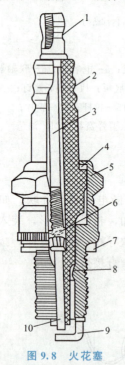

图 9.8 火花塞

1—接触头；2—瓷绝缘体；3—金属杆；
4—内密封垫圈；5—壳体；6—导电玻璃；
7—多层密封垫圈；8—内密封垫圈；
9—侧电极；10—中心电极

9.3 电子点火系统和微机控制点火系统

9.3.1 电子点火系统

传统点火系统存在如下缺点：断电器触点分开时，在触点之间产生火花，使触点逐渐氧化、烧蚀，因而断电器触点的使用寿命短；在火花塞积炭时，因火花塞漏电而不能可靠地点火；点火线圈产生的高压电随发动机转速的升高和气缸数的增多而下降，因此在高速时容易出现缺火等现象。近年来，汽车发动机向多缸、高速方向发展，同时人们力图通过改善混合气的燃烧状况来减少排气污染，以及燃用稀混合气以达到节约燃油的目的。这些都要求点火装置能够提供足够的次级电压、火花能量和最佳的点火时刻。传统点火装置已不能适应这一要求。

电子点火系统可以改善发动机的高速性能；在火花塞积炭时仍有较强的跳火能力；可以减小触点火花，延长触点的使用寿命，还可以取消触点进一步改善点火性能。因此，采用电子点火系统可以提高发动机的动力性、经济性，并减少排气污染，在国内外汽车上已得到广泛应用。

目前使用的电子点火系统，分为触点式电子点火系统和无触点式电子点火系统两种类型。

1. 触点式电子点火系统

触点式电子点火装置利用晶体管的开关作用，代替断电器的触点控制点火线圈初级电路的通、断，减小了触点电流，可以减小触点火花，延长触点的使用寿命；配用高匝数比的点火线圈，还可以增大初级电流，提高次级电压，改善点火性能。

图 9.9 所示为触点式电子点火系统的工作原理。其工作过程如下：

接通点火开关 S，当断电器触点闭合时，接通晶体管的基极电路，使晶体管饱和导通，并接通点火线圈的初级电路。其路径为晶体管的基极电流从蓄电池"正极"—点火开关 S—初级点火线圈 N_1—点火线圈的附加电阻 R_f—晶体管 VT 的发射极 e、基极 b—电阻 R_2—断电器触点 K—搭铁—蓄电池"负极"。

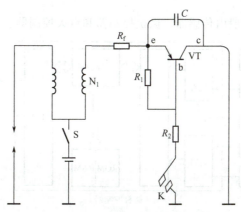

图 9.9 触点式电子点火系统的工作原理

初级点火线圈的电流从蓄电池"正极"—点火开关 S—初级点火线圈 N_1—附加电阻 R_f—晶体管 VT 的发射极 e、集电极 c—搭铁—蓄电池"负极",使点火线圈的铁心中产生磁场。

当断电器触点分开时,晶体管的基极电路被切断,于是晶体管 VT 截止,切断点火线圈的初级电路,初级电流迅速下降到零,在点火线圈的次级点火线圈中产生高压电,在火花塞间隙中跳火,使混合气点燃。

图 9.9 中电阻 R_1、R_2 是晶体管的偏置电阻,用来控制晶体管的基极电流。电容器 C 的作用是使触点分开瞬间初级点火线圈中产生的自感电压旁路、防止晶体管 VT 在截止时被自感电压损坏。

2. 无触点式电子点火系统

无触点式电子点火系统简称无触点点火系统。它利用各种类型的传感器代替断电器的触点,产生点火信号,控制点火系统的工作。

无触点式电子点火系统一般由传感器、点火控制器、点火线圈、配电器、火花塞等组成。国内外汽车上使用的无触点式电子点火装置,按所使用的传感器形式不同,有磁脉冲式、霍尔效应式、光电式等多种形式。

9.3.2 微机控制点火系统

上述电子点火装置,在提高次级电压和点火能量,以及延长触点使用寿命等方面都是卓有成效的。但是,它们对点火时间的调节与传统点火系统一样,仍靠离心提前和真空提前两套机械式点火提前调节装置来完成。由于机械的滞后、磨损及装置本身的局限性等许多因素的影响,它不能保证发动机的点火时刻总是最佳值,不是偏早就是偏迟。同时,点火线圈初级电路的导通时间受凸轮形状的限制,发动机低速时触点闭合时间长,初级电流大,点火线圈容易发热;高速时,触点闭合时间缩短,初级电流减小,次级电压降低,点火不可靠。

微机控制的点火系统,取消了机械式点火提前调节装置,由微机控制点火系统,随发动机工况的变化自动地调节点火提前角,使发动机在任何工况下均在最佳的点火时刻点火。此外,它还能自动地调节初级电路的导通时间,使高速时初级电路的导通时间延长,增大初级电流,提高次级电压;低速时初级电路导通时间适当缩短,限制初级电流的幅度,以防止点火线圈发热。

微机控制点火系统一般由传感器、微机控制器和点火控制器、点火线圈等组成。图 9.10

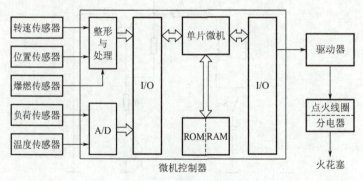

图 9.10 微机控制点火系统的组成原理图

所示是微机控制点火系统的组成原理图。用于不同车型的微机控制点火系统各组成部分的结构不同,但它们的工作原理是类似的。

9.4 起动系统

发动机从停止转入工作状态,必须借助外力带动曲柄连杆机构运动,完成可燃混合气的压缩,才能开始点火燃烧或自燃。产生外力使发动机从静止状态进入工作状态的装置或系统即发动机的起动系统。

发动机常采用人力、电力、辅助汽油机等多种方式起动。

人力起动:使用人力将发动机起动的方式。主要用于小型汽油机或作为紧急备用起动方式。

电力起动:起动机在点火开关和起动继电器的控制下,将蓄电池的电能转化为机械能,带动发动机飞轮齿圈使曲轴转动,完成发动机的起动。

辅助汽油机起动:大功率柴油机起动系统可以采用小型汽油机。先起动汽油机,再带动柴油机运转。

电力起动系统具有起动方便、迅速,起动可靠,结构简单的特点,是目前汽车上广泛使用的一种起动方式。

9.4.1 组成及工作原理

起动系统由蓄电池、起动机、起动继电器、点火开关等组成,如图9.11所示。

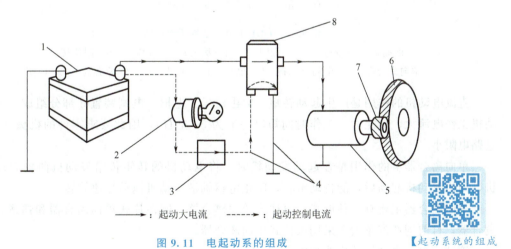

图 9.11 电起动系的组成

1—蓄电池;2—点火开关;3—起动安全开关;4—控制电流;5—起动机;
6—飞轮齿圈;7—驱动齿轮;8—电磁开关(起动继电器或起动线圈)

【起动系统的组成及工作过程】

起动系统的工作过程:当点火开关置于起动挡时,起动机控制电路先接通(图9.11中虚线线路),然后起动机供电电路接通(图9.11中实线线路),蓄电池1电流经电磁开关8,将起动机的驱动齿轮7向外推出,使其与发动机飞轮齿圈6相啮合;同时电流流入起动机 5，并使其转动起来，通过驱动齿轮拖转发动机。待发动机能自行运转后，飞轮会反过来带动起动机驱动齿轮运转，此时起动机上的单向离合器使驱动齿轮相对于起动机电枢轴空转（以保护起动机）。当驾驶员及时将点火开关转到点火挡时，切断起动机控制电路，在回位弹簧的作用下，驱动齿轮回位脱离与飞轮齿圈的啮合。同时起动机因起动电路被切断而停转。

9.4.2 起动机

起动机是起动系统的主要组成部分，一般由直流串励式电动机、传动机构、电磁开关等部分组成。如图 9.12 所示为东风 EQ1090E 型汽车采用的 QD124 型起动机的结构图。QD124 型起动机额定功率为 1.84kW，额定电压为 12V，它由直流电动机、传动机构和控制装置 3 部分组成。

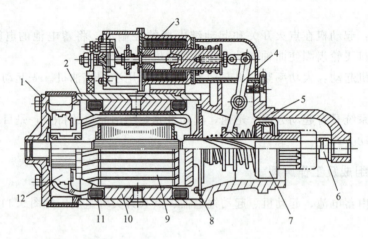

图 9.12　QD124 型起动机的结构图

1—前端盖；2—外壳；3—电磁开关；4—拨叉；5—后端盖；6—限位螺钉；
7—单向离合器；8—中间支承板；9—电枢；10—磁极；11—磁场绕组；12—电刷

直流电动机的作用是产生起动转矩。它由磁场、电枢、电刷装置 3 部分组成。由于电动机工作电流大、转矩大、工作时间短（一般为 5s 左右），因此要求零件的机械强度高、电路电阻小。

单向离合器 7 的作用是在起动发动机时，将电动机的转矩传给发动机曲轴起动发动机，而当发动机起动后，能自动滑转，防止电枢轴被发动机拖动超速旋转。

单向离合器主要有三种形式：滚柱式单向离合器、摩擦片式单向离合器和弹簧式单向离合器，目前国产汽车大多采用滚柱式单向离合器。

滚柱式单向离合器的构造如图 9.13 所示。

驱动齿轮 1 与外壳 2 制成一体，外壳内装有十字块 3 和四套滚柱 4、压帽与弹簧 5。十字块与花键套筒 10 固连，护盖 6 与外壳相互扣合密封。在外壳与十字块之间，形成四个宽窄不等的楔形槽，槽内分别装有一套滚柱、压帽及弹簧。滚柱的直径略大于楔形槽窄端，略小于楔形槽的宽端，因此，当十字块为主动件时，滚柱滚入窄端，将十字块与外壳卡紧形成摩擦力，能传递转矩。当外壳为主动件时，滚柱滚入宽端，则放松滑转，不能传递转矩。

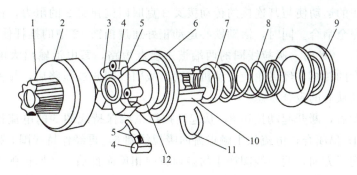

图 9.13 滚柱式单向离合器的结构

1—驱动齿轮；2—外壳；3—十字块；4—滚柱；5—压帽与弹簧；6—护盖；7—弹簧座；
8—缓冲弹簧；9—移动衬套；10—花键套筒；11—卡簧；12—垫圈

起动机的控制装置又称起动机电磁开关，其作用是控制驱动齿轮与飞轮齿圈的啮合与分离；控制电动机电路的接通与切断。控制装置有机械式和电磁式两种。电磁式控制装置如图 9.14 所示。它由吸拉线圈 6、保持线圈 5、挡铁 12、活动铁心 4、回位弹簧 2、主触点 14 和 15、接触盘 13 组成。吸拉线圈 6 与保持线圈 5 匝数相同、绕向也相同。由于起动机电磁开关主触点的通过电流极大（几百安），因此动、静触点一般都是铜制品。

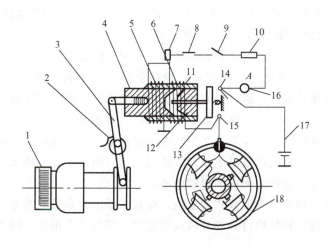

图 9.14 电磁式起动机控制装置

1—驱动齿轮；2—回位弹簧；3—传动拨叉；4—活动铁心；5—保持线圈；6—吸拉线圈；
7—接线柱；8—起动按钮；9—总开关；10—熔断器；11—铜套筒；12—挡铁；
13—接触盘；14、15—主触点；16—电流表；17—蓄电池；18—电动机

发动机起动时，如图 9.14 所示，接通总开关 9，按下起动按钮 8，电流由蓄电池 17 正极，经主触点 14、电流表 16、总开关 9、起动按钮 8、接线柱 7，分别流向吸拉线圈 6 和保持线圈 5。保持线圈 5 的一路，直接搭铁。吸拉线圈 6 的一路电流经电动机的励磁绕组和电枢绕组后搭铁。两路电流都回到蓄电池 17 负极。这时，两个线圈产生同方向的电磁力，并产生很强的吸引力，吸引活动铁心 4 右移，并通过电枢中的电流使电枢轴缓慢运

转。活动铁心 4 的运动使与其连接的传动拨叉 3 克服回位弹簧 2 的阻力，使驱动齿轮 1 与飞轮齿圈直至完全啮合。同时，活动铁心运动正好通过挡铁 12 中的推杆使接触盘 13 与主触点 14、15 闭合。此时，吸拉线圈的两端被主触点短路，蓄电池输出大电流直接进入电动机而发出较大的转矩，经飞轮使发动机起动。吸引线圈 6 被短路后，靠保持线圈 5 中的电流来维持活动铁心的吸合状态。

发动机起动后，断开起动按钮 8，从起动按钮供给保持线圈 5 的电流被切断，但此瞬时主触点 14、15 仍闭合，电流从主触点流向吸拉线圈 6，再经保持线圈 5 搭铁，而这时吸拉线圈电流改变了方向，两个线圈产生的磁通方向相反而抵消。在回位弹簧的作用下，活动铁心（带动拨叉和驱动齿轮）返回原位。接触盘 13 在其右端小弹簧的作用下离开主触点，主触点断开，起动机因断电而停转。

9.5　汽车供电装置

9.5.1　蓄电池

蓄电池是一种可逆的低压直流电源，既能将化学能转换为电能，也能将电能转换为化学能，属于可逆的直流电源。用于汽车上的蓄电池，必须满足起动发动机的需要，即在 5～10s 的短时间内，提供汽车起动机足够大的电流。

由于使用电解液不同，蓄电池分为酸性蓄电池和碱性蓄电池。汽车上一般用铅酸蓄电池（简称蓄电池）。铅酸蓄电池结构简单，价格低廉，易于满足大量生产的汽车的需要；同时其内阻小，起动性能好，能在短时间内提供起动机所需要的大电流。

蓄电池按性能可分为干式荷电蓄电池和免维护蓄电池两类。干式荷电蓄电池指极板在干燥状态下，能在较长时间（一般为 2 年）内保存制造过程中所得电量的蓄电池，简称干荷电蓄电池。免维护蓄电池指蓄电池在有效使用期（一般为 4 年）内无需进行添加蒸馏水等维护工作的蓄电池，也称为无需维护蓄电池。

蓄电池按极板结构可分为形成式蓄电池、涂膏式蓄电池和管式蓄电池。

蓄电池按蓄电池盖和结构可分成开口式蓄电池、排气式蓄电池、防酸隔爆式蓄电池和密封阀控式蓄电池。

未来汽车电气系统的型式是把蓄电池的功能，即起动过程提供高功率和向汽车电气的供电两种功能分开，以避免起动过程中汽车电气系统电压骤降，并且保证即使供电蓄电池在低的充电状态下也可安全地冷起动。因此可将蓄电池分为起动型蓄电池和供电型蓄电池两种。

蓄电池的基本构造如图 9.15 所示。

1. 极板与极板组

正极板上的活性物质是二氧化铅（PbO_2），负极板上的活性物质是纯铅（Pb），一片正极板和一片负极板浸入电解液中，可得到 2V 左右的电压。

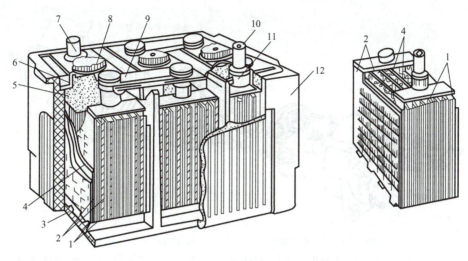

图 9.15 蓄电池的基本构造

1—正极板；2—负极板；3—肋条；4—隔板；5—护板；6—封料；
7—负极柱；8—加液孔盖；9—连条；10—正极柱；11—极柱衬套；12—蓄电池容器

2. 隔板

隔板的功用是将正、负极板隔开，防止相邻正、负极板接触而短路。隔板材料有木质、微孔橡胶和微孔塑料等。微孔橡胶和微孔塑料隔板耐酸、耐高温性能好，使用寿命长，而且成本低，因此目前广泛使用。

3. 电解液

电解液的作用是使极板上的活性物质发生溶解和电离，产生电化学反应。电解液由纯净的硫酸与蒸馏水按一定的比例配制而成，其相对密度一般为 1.24～1.30。

4. 壳体

壳体用于盛放电解液和极板组，蓄电池壳体由电池槽和电池盖两部分组成。

9.5.2 交流发电机

汽车用普通交流发电机的结构大同小异，基本结构都是由转子、定子、整流器和端盖四部分组成，整体式交流发电机的不同点是在基本结构的基础上增加了电压调节器，且都采用集成电路调节器。整体式交流发电机基本零部件组成与整体结构如图 9.16 所示。

1. 转子

汽车交流发电机的转子是发电机的磁极部分，其功用是产生磁场（在励磁绕组上加入励磁电流）。转子由爪极、磁场绕组、铁心和集电环组成，如图 9.17 所示。

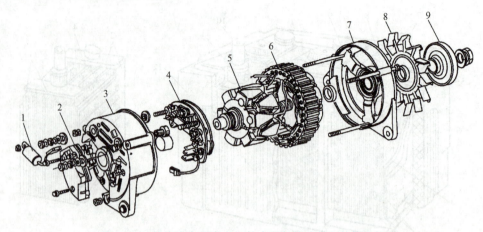

图 9.16 整体式交流发电机基本零部件组成和整体结构

1—抗干扰电容器；2—集成电路调节器与电刷组件总成；3—电刷端盖；4—整流器总成；
5—转子总成；6—定子总成；7—驱动端盖；8—风扇；9—驱动带轮

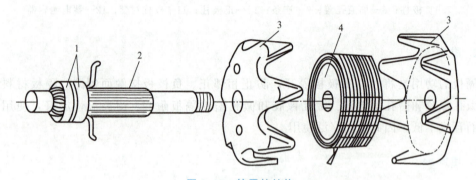

图 9.17 转子的结构

1—集电环；2—转子轴；3—爪极；4—铁心与磁场绕组

2. 定子

交流发电机的定子是发电机的电枢部分，其功用是产生交流电（导线切割磁力线）。由定子铁心与对称的三相电枢定子绕组组成。

3. 整流器

交流发电机整流器的作用是将三相定子绕组产生的交流电转换为直流电。整流器一般由 6 个整流二极管和二极管的散热板组成。交流发电机整流器总成的结构如图 9.18 所示。

4. 端盖与电刷组件

交流发电机的前、后端盖均用铝合金压铸而成。在后端盖内装有电刷组件，电刷组件由电刷、电刷架和电刷弹簧组成。电刷安装在电刷架的孔内，借弹簧张力使电刷与转子轴上的集电环保持良好接触。每个交流发电机有两只电刷，每只电刷都有一根引线直接引到发电机后端盖的接线端子上或后端盖上。

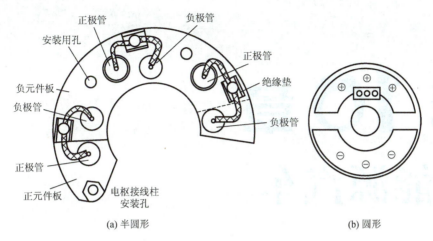

图 9.18 整流器总成的结构

思考题

1. 画出传统点火系统的原理图,说明点火系统的工作过程。
2. 分电器由哪几部分组成？
3. 无触点式电子点火系统有什么优点？
4. 微机控制的点火系统主要有哪些优点？
5. 起动机由哪三大部分组成？
6. 蓄电池由哪些部分组成？
7. 交流发电机由哪几部分组成？

第 10 章 新能源汽车

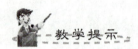

教学提示

新能源汽车能有效解决汽车与环境和能源问题，是目前世界各国汽车企业的研发重点之一。本章介绍了新能源汽车的定义及分类、纯电动汽车、混合动力电动汽车、燃料电池电动汽车和天然气汽车等内容。

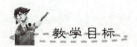

教学目标

要求学生掌握新能源汽车的定义及分类、纯电动汽车的组成及主要部件、混合动力汽车的含义及分类、燃料电池的组成，理解燃料电池的工作原理，了解天然气汽车的基本知识。

10.1 概　　述

伴随着汽车工业的飞速发展，环境和能源对人类生活和社会发展的影响越来越大，节能、环保、新能源等字眼越来越紧密地与汽车联系在一起。研制开发更节能、更环保、使用替代能源的新型汽车，成为各大汽车公司的当务之急。发展新能源汽车既是解决环境和能源问题的重要途径，也是提升汽车企业核心竞争力的技术制高点。

10.1.1 新能源汽车的定义

根据我国《汽车产业发展政策》等有关规定，2009 年 6 月 17 日工业和信息化部发布了《新能源汽车生产企业及产品准入管理规则》。该规则对新能源汽车给出了明确的定义：新能源汽车是指采用非常规的车用燃料作为动力来源（或使用常规的车用燃料、采用新型车载动力装置），综合车辆的动力控制和驱动方面的先进技术，形成的技术原理先进、具有新技术、新结构的汽车。

10.1.2 新能源汽车的分类

新能源汽车包括的范围比较广，大体上可分为醇类汽车、燃气汽车、电动汽车、两用燃料汽车、双燃料汽车、太阳能汽车等类型。

1. 醇类汽车

醇类汽车主要包括甲醇汽车（采用甲醇作为燃料）和乙醇汽车（采用乙醇作为燃料）。

2. 燃气汽车

燃气汽车是指燃烧气体的汽车，如天然气汽车（燃烧天然气）、液化石油气汽车（燃烧液化石油气）、氢气汽车（燃烧氢气）等。

3. 电动汽车

电动汽车包括纯电动汽车、混合动力电动汽车和燃料电池电动汽车三种形式。纯电动汽车以车载电能储存装置（如电池）为动力源，以电动机为驱动系统；混合动力电动汽车具有两种或两种以上的动力源，其中一种动力源可以传递电能；燃料电池电动汽车以燃料电池为动力源。

4. 两用燃料汽车

两用燃料汽车具有两套独立的燃料供给系统，两套系统可分别但不能同时向气缸供给燃料，只能有一种燃料在气缸内燃烧，如汽油-液化石油气两用燃料汽车、汽油-压缩天然气两用燃料汽车等。

5. 双燃料汽车

双燃料汽车具有两套燃料供给系统，两套系统按预定的比例同时向气缸供给燃料，两种燃料在气缸内混合燃烧，如柴油-液化石油气双燃料汽车、柴油-压缩天然气双燃料汽车等。

6. 太阳能汽车

太阳能汽车以太阳能作为动力源。

10.2 纯电动汽车

10.2.1 纯电动汽车的组成及原理

纯电动汽车（EV）一般由电动机驱动，电动机的驱动能源来源于蓄电池，因此其结构和燃油汽车明显不同，其系统主要组成如图10.1所示。纯电动汽车主要由电力驱动系统、电源系统和辅助系统三部分组成。纯电动汽车以下简称电动汽车。

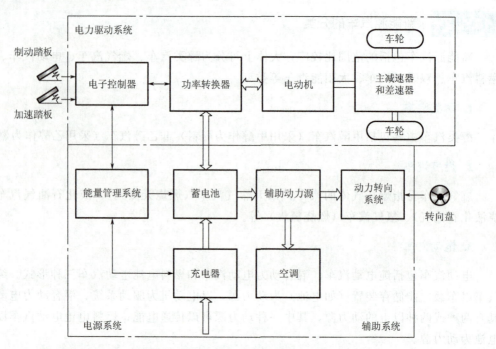

图 10.1　纯电动汽车系统组成示意图

1. 电力驱动系统

电动汽车的电力驱动系统主要包括电子控制器、功率转换器、电动机、机械传动装置和车轮等。该系统的主要作用是将蓄电池中储存的电能转换为驱动汽车行驶的动能,并能够在汽车制动时回收部分制动能量给蓄电池充电。

2. 电源系统

电动汽车的电源系统主要包括蓄电池、能量管理系统和充电器等。该系统的主要作用是向电动机提供动力源,监测蓄电池的工作状态,并控制充电器向蓄电池充电。

3. 辅助系统

电动汽车的辅助系统主要包括辅助动力源、空调、动力转向系统及其他辅助设备等。

汽车行驶时,蓄电池通过控制系统向电动机供电,电动机将电能转换为机械能,机械动力通过传动系统传递给驱动轮。由驾驶员操纵的制动踏板和加速踏板上都安装有传感器。加速踏板位置传感器(或节气门位置传感器)将加速踏板的位置转变为电信号送入电子控制器,从而控制汽车的行驶速度;当汽车制动时,制动踏板位置传感器将制动踏板的位置转变为电信号送入电子控制器,从而回收汽车的制动能量。

10.2.2　纯电动汽车的主要特点

电动汽车与传统的燃油汽车在结构上的主要区别是电动机取代了内燃机,另外在能源、储能装置、传动系统等方面也有所不同。用电动机代替内燃机及其附属装置(即润滑系统、冷却系统、进排气系统等），使其结构简单；在动力传动装置上，取消了燃料箱和燃料控制系统，代之以电源系统、电子控制系统等。相对传统的内燃机汽车，纯电动汽车具有如下优点：

1. 几乎无污染，噪声低

电动汽车使用的是电能，工作时不产生废气，对环境无污染。电动汽车行驶时噪声比较低，电动机产生的噪声比内燃机要小得多。

2. 能源多样化，效率高

电动汽车使用的电能来源广泛，可由煤炭、水力、风力、太阳能、核能、潮汐等转化而来，减少了对石油资源的依赖。电动汽车电能的利用效率比内燃机汽车热能的利用效率要高，而且在制动过程中电动汽车可以回收部分制动能量。

3. 结构简单，维修方便

电动汽车的结构比内燃机汽车要简单，传动部件少，维修保养方便，而且易于操纵。

虽然电动汽车与传统内燃机汽车相比具有很多优点，但其发展目前仍存在一定的困难，电动汽车的发展瓶颈体现在电池技术方面，一是电池能量密度低，二是充电时间长。另外，电动汽车系统的可靠性和高昂的价格也是阻碍电动汽车普及的主要原因。

10.2.3 纯电动汽车动力电池与驱动电动机

1. 动力电池

电池是电动汽车能量的储存装置，也是目前制约电动汽车发展的关键因素。电池是电动汽车的动力源，是电动汽车发展的技术瓶颈。电动汽车对动力电池的要求是比能量高、比功率大、充放电效率高、相对稳定性好、使用成本低、使用寿命长和安全性好等。迄今为止，在电动汽车上普遍使用的动力电池有铅酸电池、镍氢电池和锂离子电池等。

1) 铅酸电池

铅酸电池主要分为两大类：注水式铅酸电池（Flooded Lead-acid Battery，FLAB）和阀控式铅酸电池（Valve Regulated Lead-acid Battery，VRLAB）。

铅酸电池主要由正负极板、隔板、电解液、安全阀、外壳等组成，其基本结构如图 10.2 所示。极板是铅酸电池的核心部件，正极板上的活性物质是二氧化铅，负极板上的活性物质为海绵状纯铅。隔板隔离正、负极板，防止短路；吸收电解液，促进电解离子扩散。电解液由蒸馏水和纯硫酸按一定比例混合而成，参与电化学反应。

2) 镍氢电池

镍氢电池有方形和圆柱形两种外形，主要由正极板、负极板、隔板、电解液等组成，如图 10.3 所示。正极板上的活性物质是氢氧化镍，负极板上的活性物质是储氢合金，氢氧化钾作为电解质，在正、负极板之间有隔板，共同组成单体镍氢电池。

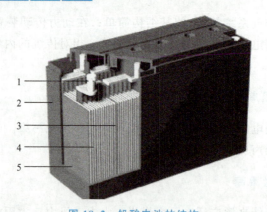

图 10.2 铅酸电池的结构
1—端子；2—外壳；3—隔板；4—正极板；5—负极板

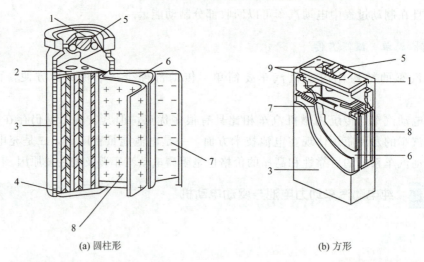

(a) 圆柱形　　　　　　　　　　　　　(b) 方形

图 10.3 镍氢电池的结构
1—顶盖；2—隔垫；3—外壳；4—底垫；5—安全阀；6—隔板；7—负极板；8—正极板；9—绝缘板

镍氢电池是 20 世纪 90 年代发展起来的一种新型碱性蓄电池，具有比能量高、功率高、可循环充放电、安全可靠等优点，由于不存在重金属污染问题，被称为"绿色电池"。许多公司都把镍氢电池作为今后混合动力电动汽车（油-电混合）和燃料电池汽车（电-电混合）动力电池使用的首选。

3）锂离子电池

锂离子电池主要由正极板、负极板、隔板、电解液和安全阀等组成，其外形主要有方形和圆柱形两种，圆柱形锂离子电池的结构如图 10.4 所示。

与其他电池相比，锂离子电池应用于电动汽车，在容量、功率方面均具有较大优势，具有电压高、比能量高、充放电寿命长、无记忆效应、无污染、快速充电、自放电率低、安全可靠等优点。

当前锂离子电池存在的主要问题是快速放电性能差、成本高及过充放电保护等。在过充电或滥用的情况下，锂离子电池可能发生火灾或爆炸。为了安全及保障电池使用寿命，锂离子电池往往采用较小的电流充电，这样带来的问题是充电时间长，不利于在电动汽车

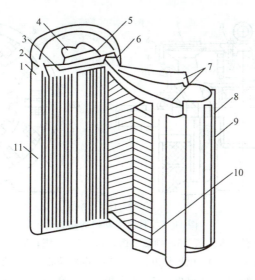

图 10.4 锂离子电池的结构

1—绝缘片；2—密封圈；3—安全阀；4—正极端子；5—防爆阀；6—正极引线；
7—隔板；8—负极板；9—负极引线；10—正极板；11—外壳

上的推广。为确保锂离子电池的安全性，必须使用电池管理系统，这样就会增加电池的成本和体积。

2. 驱动电动机

驱动电动机是电动汽车驱动系统的核心，其性能的好坏直接影响电动汽车驱动系统的性能，特别是影响电动汽车的最高车速、加速性能及爬坡性能等。电动汽车驱动电动机应具有调速范围较宽及转速较高、起动转矩足够高、效率高、体积小、质量轻等优点。

电动机的种类很多，按结构及工作原理主要分为直流电动机、无刷直流电动机、异步电动机、永磁同步电动机和开关磁阻电动机等。电动汽车最早采用的是直流电动机。随着电子技术和自动控制技术的发展，同时电动汽车的技术要求也在不断提高，比直流电动机性能更为优越的无刷直流电动机、异步电动机、永磁同步电动机和开关磁阻电动机在电动汽车上的应用也越来越广泛。

1）直流电动机

直流电动机直接将直流电能转换为机械能，具有结构简单、技术成熟、控制容易等特点。直流电动机主要由定子和转子两大部分组成，如图 10.5 所示。定子由主磁极、机座、换向极和电刷装置等组成，转子由电枢铁心、电枢绕组和换向器等组成。直流电动机根据励磁方式的不同可分为串励、并励、复励等不同形式。以永磁材料作为磁极的直流电动机，称为永磁直流电动机。

2）无刷直流电动机

无刷直流电动机利用电子换向装置代替有刷直流电动机的机械换向装置，保留了无刷直流电动机宽阔而平滑的优良调速性能，克服了有刷直流电动机机械换向带来的一系列缺

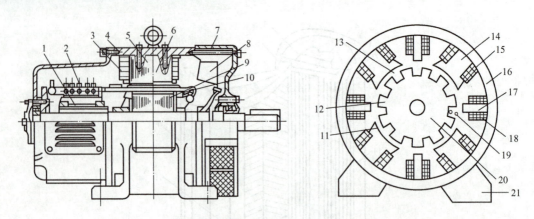

图 10.5　直流电动机的结构

1—换向器；2—电刷装置；3、15—励磁绕组；4、16—基座；5—主磁极；6—换向极；
7—端盖；8—风扇；9、19—电枢绕组；10、20—电枢铁心；11—毂轮；12—电枢齿；
13—电枢槽；14—主磁极；17—换向极；18—换向极绕组；21—底脚

点，具有体积小、质量轻、效率高、转矩高、精度高、能实现数字化控制等优点，是最理想的调速电动机之一，在电动汽车上有着广泛的应用前景。

无刷直流电动机主要由电动机本体、电子换相器和转子位置传感器等组成。电动机本体包括定子和转子两部分。电子换相器由功率开关和位置信号处理电路组成，用来控制定子各绕组顺序和时间。转子位置传感器用于检测转子磁极位置，为功率开关电路提供正确的换相信息。

无刷直流电动机的工作原理与有刷直流电动机的工作原理基本相同。在电动机工作时，通过调节电枢电流实现转矩控制，同时通过调节电源电压实现调速控制。

3) 异步电动机

异步电动机又称交流感应电动机，由旋转磁场与转子绕组感应电流相互作用而产生电磁转矩。异步电动机的种类很多，根据转子结构的不同可分为绕线型异步电动机和笼型异步电动机。绕线型异步电动机的转子槽中放的是绕线线圈，通常转子三相绕组成星形。笼型异步电动机的转子绕组形状像个笼子，通常该笼子由铸铝或铜条组成，转子非常坚固，适合于高速旋转，所以笼型异步电动机适合于电动汽车。

异步电动机的转子绕组不需与其他电源相连，定子电流直接取自交流电源。与其他电动机相比，异步电动机具有结构简单、使用维护方便、运行可靠、质量轻、成本低等优点，但其调速性能较差，在要求有较宽平滑调速范围的使用场合不如直流电动机经济方便。因此，在大功率、低转速场合不如使用同步电动机合理。

4) 永磁同步电动机

永磁同步电动机具有效率高、控制精度高、转矩密度高、转矩平稳性好、振动噪声低等优点，在电动汽车上具有很高的应用价值，受到国内外电动汽车行业的高度重视。

永磁电动机的结构和传统电动机一样，主要由转子和定子两大部分组成。转子主要由永磁铁、转子铁心和转轴组成，定子主要由电枢铁心和电枢绕组构成。永磁电动机用永磁体取代绕线式同步电动机转子中的励磁绕组，从而省去了励磁线圈、集电环和电刷。定子电枢绕组中通入三相对称交流电后将产生旋转磁场,定子的旋转磁极由于磁拉力拖着转子同步旋转。

5) 开关磁阻电动机

开关磁阻电动机具有可控参数多、调速性能好、结构简单、成本低、损耗小、运转效率高、起动转矩大、起动电流小等优点,是一种极具发展潜力的新型电动机。

开关磁阻电动机由双凸极的定子和转子组成,其定子和转子的凸极均由普通的硅钢片叠压而成。定子极上集中绕组,转子既无绕组也无永磁体。转子带有位置传感器,以提供转子位置信号。开关磁阻电动机有多种不同的相数结构,如单相、二相、四相及多相等,而且定子和转子的级数有多种不同的搭配,定子和转子的齿数满足自动错位条件。

开关磁阻电动机具有电磁噪声大、低转速转矩脉冲大两大技术难题,因此目前在电动汽车上应用较少。但由于开关磁阻电动机结构简单,调速控制比较容易,所以还是受到电动汽车行业一定的重视。

10.3　混合动力电动汽车

10.3.1　混合动力电动汽车的含义

根据国际电工技术委员会(International Electro-technical Commission,IEC)的定义,混合动力电动汽车(Hybrid Electric Vehicle,HEV)是能够根据特定的运行要求,从两种或两种以上能量源、能量储存器或转化器中获取驱动力的汽车,在运行中至少有一种能量储存器或转化器直接驱动汽车,并且至少有一种能量源、能量储存器或转化器能够提供电能。这样,混合动力电动汽车就是指装有两个以上动力源(包括有电动机驱动)的汽车,其动力源有多种,包括各种蓄电池、太阳电池、燃料电池、燃料发动机等,也就是说这种汽车就是将电动机与辅助动力单元组合在一辆汽车上做驱动力。

混合动力电动汽车与常规的内燃机汽车相比,主要优点是采用了高功率的能量储存装置(飞轮、超级电容器或蓄电池)向汽车提供瞬时能量,可以减小发动机尺寸、提高效率及降低排放等。

混合动力电动汽车与纯电动汽车相比,主要优点是可以最大限度发挥内燃机汽车和纯电动汽车的双重优点;电池的数量减少;续驶里程和动力性能可以达到内燃机汽车的水平;成为较低排放的节能汽车;必要时,成为零排放的电动汽车;可以采用多种燃料。

10.3.2　混合动力电动汽车的种类

混合动力电动汽车是在纯电动汽车和内燃机汽车的基础上发展起来的,按驱动方案分为三种基本类型:串联式、并联式和混联式。

1. 串联式混合动力电动汽车

串联式混合动力电动汽车(Series Hybrid Electric Vehicle,SHEV):由发动机带动

发电机，发电机的电能向动力电池组充电，电池组的输出电能经过控制器输入到电动机，电动机输出的转矩经机械传动系统驱动车轮。串联式混合动车电动汽车结构示意图如图 10.6 所示。

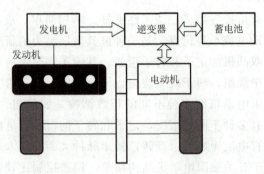

图 10.6　串联式混合动力电动汽车结构示意图

串联式混合动力电动汽车的发动机为辅助动力装置，能够控制在油耗和排放最低的最佳工况区相对稳定运行，除带动空调压缩机等附件外，带动发电机时，它所发出的电可直接供电动机或蓄电池使用。当汽车在起步、加速、爬坡或高速行驶时，需要较大的功率而发电机无法满足时，电池组可提供额外的电能。当汽车低速行驶、滑行、制动减速或停车时，发电机发出的功率若超过汽车的动力需求，多余的电能将向电池组充电。

串联式混合动力电动汽车从总体结构上看，比较简单、容易控制，电力驱动是唯一的驱动模式，其特点趋近于纯电动汽车。发动机、发电机、电动机三大总成在布置上虽然有较大的自由度，但各自的功率较大、体积较大、质量也较大，因此在中小型混合动力电动汽车上布置有一定的困难。另外，能量转换效率比内燃机汽车要低，故串联式混合动力电动汽车最适合在大型客车上使用，如在城区行驶的公共汽车。

2. 并联式混合动力电动汽车

并联混合动力电动汽车（Parallel Hybrid Electric Vehicle，PHEV）：由两套动力驱动系统构成。第一套是发动机的动力通过与离合器的接合传至传动系统，与传统的汽车结构和原理完全一样；第二套是电驱动系统，蓄电池的电能通过控制器输入到电动机，电动机输出的转矩经离合器、传动轴和传动系统驱动车轮。并联式混合动力电动汽车结构示意图如图 10.7 所示。

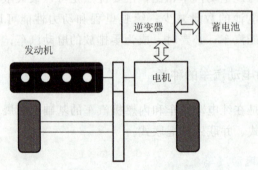

图 10.7　并联混合动力电动汽车结构示意图

并联式混合动力电动汽车的两套动力驱动系统以机械能叠加的方式驱动汽车，发动机通过变速装置和驱动桥直接相连，电机可用作电动机或发电机以平衡发动机所受的载荷，使发动机能在高效率区域工作。但由于发动机和驱动桥是机械连接，在城市工况时发动机并不能运行在最佳工况点，车辆的燃油经济性比串联式的要差。

并联式混合动力电动汽车有三种驱动模式：纯内燃机驱动、纯电动机驱动和混合动力驱动，也就是说发动机与电动机可以分别独立地向驱动轮提供动力，在汽车需要大功率时两者也可以共同提供动力。在一般路面行驶时，并联式混合动力电动汽车采用纯内燃机驱动，仅使用发动机作动力；当汽车起步或在排放要求较高的区域行驶时，并联式混合动力电动汽车采用纯电动机驱动，仅使用电动机作动力；当汽车加速或爬坡时，如果发动机的动力不足以满足汽车的要求，则电动机也参与工作，即并联式混合动力电动汽车采用发动机和电动机混合动力驱动模式。

与串联式混合动力电动汽车相比，并联式混合动力电动汽车具有效率高、能量转换效率高、可以采用小功率的发动机和电动机、质量小等优点，所以并联式混合动力电动汽车比较适合于经常在郊区和高速公路上行驶的车辆采用。

3. 混联式混合动力电动汽车（只使用发动机作动力）

混联式混合动力电动汽车（Combined Hybrid Electric Vehicle，CHEV）：由发动机、发电机、电动机、变速器组成的一体化结构，同时兼具串联和并联混合动力电动汽车的特点。它通过实时的电子计算机控制工作过程，实现发动机与电动机的优化耦合，共同驱动汽车运行。混联式混合动力电动汽车结构示意图如图 10.8 所示。

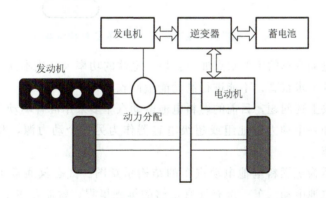

图 10.8　混联式混合动力电动汽车结构示意图

发动机发出的功率一部分通过机械传动输送给驱动桥，另一部分驱动发电机发电。发电机发出的电能输送给电动机或蓄电池，电动机产生的驱动力矩通过动力耦合装置传送给驱动桥，该耦合装置可以为动力切换系统或动力分配系统。

动力切换系统用于在串联式或并联式两种驱动方式间切换。当车辆低速低负荷行驶时，离合器分离，驱动系统主要以串联方式工作；当汽车负荷较大、高速稳定行驶时，驱动系统则以并联方式工作。

10.4 燃料电池电动汽车

10.4.1 燃料电池电动汽车的含义与基本结构

顾名思义，燃料电池电动汽车（Fuel Cell Electric Vehicle，FCEV）是指采用燃料电池作为能源的电动汽车。燃料电池电动汽车与纯电动汽车除了动力源不同之外，其驱动电动机、传动系统等部件都完全相同。

与传统内燃机汽车相比，燃料电池电动汽车具有的优点如下：能量转换效率高；能量应用效率高，排放污染低；低噪声，无振动；燃料补充容易；低负载状态下有较高的效率。

因此，燃料电池电动汽车可以说是世界上最环保、高效、低公害的汽车，代表着未来汽车工业的发展方向。

纯燃料电池电动汽车只有燃料电池一个动力源，汽车的所有功率都由燃料电池承担，其动力系统结构示意图如图10.9所示。燃料电池将氢气与氧气反应产生的电能传递给驱动电动机，驱动电动机将电能转化为机械能传递给传动系统，从而驱动车轮。

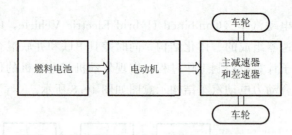

图10.9 纯燃料电池电动汽车动力系统结构示意图

纯燃料电池电动汽车的主要缺点如下：燃料电池的功率大，成本高昂；对燃料电池的动态性能和可靠性要求很高；不能进行制动能量回收。

为了有效解决上述问题，目前的燃料电池电动汽车多采用混合驱动方式，即在燃料电池的基础上，增加一个动力电池组或超级电容器作为另一个动力源，和燃料电池共同工作，共同驱动汽车。

图10.10所示为氢燃料电池电动汽车的结构示意图。气态氢通常用高压储气罐来装载，为保证燃料电池电动汽车一次充气有足够的续驶里程，就需要多个高压氢气储气罐。氧气可从空气中直接获取或从氧气罐中获取。氧气若来源于空气，需用压缩机提高压力，以增加燃料电池的反应速度。在空气供应系统中还要对空气进行加湿处理，保证空气有一定的湿度。燃料电池产生的是直流电，需要经过DC/DC变换器进行调压。在采用交流电动机的驱动系统中，还需要DC/AC逆变器将直流电转换为交流电。

燃料电池电动汽车的辅助电源可以为蓄电池组、飞轮电池或超级电容器等，与作为主电源的燃料电池共同组成双电源系统。在具有双电源系统的燃料电池电动汽车上，驱动电动机的电源可以出现以下工作模式：

（1）汽车起步时，由辅助电源提供电能带动燃料电池发动机起动。

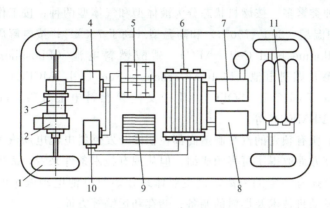

图 10.10 氢燃料电池电动汽车结构示意图

1—驱动轮；2—驱动系统；3—驱动电动机；4—DC/AC 逆变器；5—辅助电源（蓄电池、超级电容）；
6—燃料电池发动机；7—空气压缩机和空气加湿装置；8—氢气管理系统；
9—主控制器；10—DC/DC 变换器；11—氢气储存罐

（2）汽车正常行驶时，由燃料电池发动机提供驱动所需的全部电能，剩余的电能储存到辅助电源中，辅助电源向汽车各种电子、电气设备提供所需的电能。

（3）汽车加速或爬坡时，若燃料电池发动机提供的电能不足以满足汽车驱动功率要求，则由辅助电源提供额外的电能，形成双电源供电模式。

（4）汽车减速制动时，辅助电源储存制动回收能量。

10.4.2 燃料电池

目前的燃料电池主要以氢燃料电池为主。氢燃料电池是一种电化学发电装置，把化学能直接转化为电能，其基本原理是电解水的逆反应：把加注的氢和空气中的氧分别供给阴极和阳极，氢通过阴极向外扩散和电解质发生反应后，分解为氢离子和电子，产生电流的同时氢离子通过外部负载到达阳极，与氧结合生成水，其原理如图 10.11 所示。为了输出足够的电能来驱动汽车，需要将一定数量的燃料电池单体串联起来构成燃料电池组。

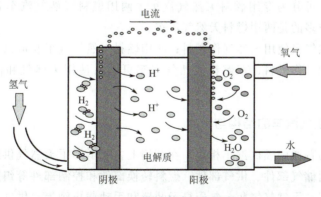

图 10.11 燃料电池工作原理

燃料电池的种类繁多，按燃料状态分为液体型和气体型两种；按工作温度分为低温型（低于200℃）、中温型（200～750℃）和高温型（高于750℃）；按电解质类型不同分为碱性燃料电池（Alkaline Fuel Cell，AFC）、磷酸燃料电池（Phosphoric acid fuel cell，PAFC）、熔融碳酸盐燃料电池（Molten Carbonate Fuel Cell，MCFC）、固体氧化物燃料电池（Solid Oxide Fuel Cell，SOFC）、质子交换膜燃料电池（Proton Exchange Membrane Fuel Cell，PEMFC）等。

当前，世界上所有领先的汽车制造商都在积极开发燃料电池电动汽车，并且许多国家在燃料电池的研究方面取得了可喜的成绩，但从现有技术条件来看，离燃料电池电动汽车实现全面的商业化还有一定的距离，这主要体现在燃料电池电动汽车的一些关键技术方面，如燃料电池发动机技术及燃料的制备、储存和运输等方面。

10.5 天然气汽车

新能源汽车除了纯电动汽车、混合动力电动汽车和燃料电池电动汽车以外，还包括天然气汽车、液化石油气汽车、甲醇燃料汽车、乙醇燃料汽车、二甲醚燃料汽车、氢燃料汽车及太阳能汽车等。其中天然气汽车是目前应用较广泛的一类新能源汽车。

10.5.1 天然气汽车的分类

天然气汽车是指以天然气为燃料的汽车。

天然气是从天然气田直接开采出来的，其主要成分是甲烷。将天然气压缩到20MPa左右的高压，储存在车载高压气瓶中，即为压缩天然气（Compressed Natural Gas，CNG）；在常压下，温度为−162℃的天然气为液体，储存在车载绝热气瓶中，即为液化天然气（Liquefied Natural Gas，LNG）。

根据所使用天然气燃料状态的不同，天然气汽车可分为压缩天然气汽车和液化天然气汽车，世界上使用较多的是压缩天然气汽车。

使用天然气为燃料的汽车，可以使用单一燃料，也可以同时使用多种燃料。根据燃料使用种类的不同，可分为专用燃料天然气汽车、两用燃料天然气汽车和双燃料天然气汽车。世界上使用较多的是两用燃料天然气汽车。

专用燃料天然气只使用天然气作燃料；两用燃料天然气汽车既可以使用天然气也可以使用汽油（或柴油）作燃料；双燃料天然气汽车可同时使用天然气和汽油（或柴油）作燃料。

10.5.2 天然气汽车的结构与特点

天然气汽车与普通内燃机汽车相比，在结构上主要增加了天然气供给系统。车用天然气供给系统主要由储气部件、供气部件、燃料转换部件和控制部件等组成。其中储气部件主要包括充气装置、天然气气瓶、气压显示装置和手动截止阀等；供气部件主要包括天然气过滤器、减压调节器、混合器、低压软管及循环水软管等；燃料转换部件主要包括油/

气转换开关、天然气截止阀和汽油截止阀等。

手动截止阀的作用是在压缩天然气汽车充气、修理或入库停车时，截断气瓶到减压调节器之间的天然气通路。减压调节器可以保证其瓶内的压力发生变化时进入混合气的天然气压力基本恒定。比例调节式混合器的作用是将空气和天然气按一定比例混合，形成一定浓度的可燃混合气。油/气转换开关有三个位置，即"油""气""中"，当转换开关置于"油"位置时，接通电动汽油泵电路，同时切断压缩天然气电磁阀电路；当转换开关置于"气"位置时，接通压缩天然气电磁阀电路，同时切断电动汽油泵电路；转换开关置于"中"位置时，不接通电动汽油泵电路和压缩天然气电磁阀电路的任一电路。

汽油/压缩天然气两用燃料天然气汽车有多种类型。某国产压缩天然气供给系统采用步进电动机伺服阀和比例调节式混合器闭环控制系统，其组成如图 10.12 所示。

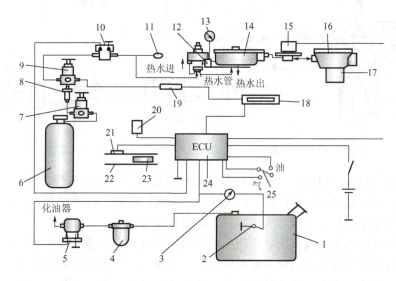

图 10.12　比例调节式混合器闭环控制压缩天然气供给系统

1—汽油箱；2—油位传感器；3—汽油表；4—汽油滤清器；5—电动汽油泵；6—车载气瓶；7—充气阀；8—过滤器；9—手动截止阀；10—压缩天然气电磁阀；11—高压表；12—安全阀；13—低压表；14—减压调节器；15—步进电动机；16—混合器；17—化油器；18—压力显示器；19—压力传感器；20—发动机转速传感器；21—氧传感器；22—发动机排气管；23—三元催化转化器；24—电控单元（ECU）；25—汽油/压缩天然气转换开关

当驾驶员将汽油/压缩天然气转换开关置于"气"位置时，电控单元（ECU）24 控制压缩天然气电磁阀 10 通电，电磁阀开启。车载气瓶 6 内的天然气经充气阀 7、过滤器 8、手动截止阀 9 和压缩天然气电磁阀 10 进入减压调节器 14。天然气在减压调节器内降压，低压的天然气经步进电动机 15 控制的低压通道进入混合器 16，在混合器中天然气和空气混合后进入气缸。ECU 根据氧传感器 21 和发动机转速传感器 20 的信号，通过调节步进电动机伺服阀的行程来改变减压调节器至混合器之间的低压通道通过面积，以控制天然气的流量。

虽然混合器式闭环控制压缩天然气供给系统能够改善空燃比的控制精度，但小气量工况下的空燃比难以准确稳定控制，因此近年来电控天然气喷射系统得到了迅速发展。电控天然气喷射系统通常利用原有电控汽油喷射系统的控制系统，只增加几个传感器（如安装在减压调节器后的天然气压力传感器等）、执行器（如天然气喷射器、汽油电磁阀等）及一个供气控制模块，原有的三元催化转化器和氧传感器可以继续使用。电控汽油/压缩天然气两用燃料天然气汽车燃料喷射系统示意图如图10.13所示。

除了汽油/压缩天然气两用燃料天然气汽车，目前已经应用的还有柴油/压缩天然气两用燃料天然气汽车。对柴油/压缩天然气两用燃料天然气汽车而言，其燃料供给系统只需在原有柴油供给系统的基础上增加一套压缩天然气供给系统。

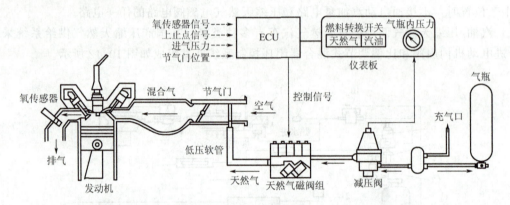

图10.13　电控汽油/压缩天然气两用燃料天然气汽车燃料喷射系统示意图

与传统内燃机汽车相比，天然气汽车具有经济性好、排放低、噪声小、安全性能高、维修费用低、冬季起动性好等优点，但同时存在动力性下降、行驶距离短、汽车用户初始投资大、供气体系建设有难度、气瓶体积大且布置困难等缺点。

虽然将传统的内燃机汽车改装为两用燃料天然气汽车后，发动机的功率和转矩会有明显下降，但如果适当提高改装发动机的压缩比，不仅可以减小功率损失还能改善发动机的燃料经济性。天然气汽车被认为是具有推广价值的低污染汽车，尤其适合城市公共交通和出租汽车使用，已在世界范围内得到广泛应用。

思考题

1. 什么是新能源汽车？
2. 新能源汽车有哪些主要类型？
3. 纯电动汽车的组成与传统内燃机汽车有哪些异同？
4. 电动汽车用动力电池有哪些主要类型？
5. 电动汽车用驱动电动机有哪些主要类型？
6. 什么是混合动力电动汽车？混合动力电动汽车有哪几种类型？
7. 燃料电池电动汽车有什么优缺点？
8. 天然气汽车有什么特点？

参 考 文 献

[1] 肖生发. 汽车构造 [M]. 2版. 北京：北京大学出版社，2012.
[2] 陈家瑞. 汽车构造 [M]. 3版. 北京：机械工业出版社，2010.
[3] 肖生发. 汽车工程概论 [M]. 2版. 北京：北京理工大学出版社，2010.
[4] 关文达. 汽车构造 [M]. 4版. 北京：机械工业出版社，2016.
[5] 余志生. 汽车理论 [M]. 4版. 北京：机械工业出版社，2006.
[6] 史文库，等. 汽车构造 [M]. 6版. 北京：人民交通出版社，2013.
[7] 臧杰，阎岩. 汽车构造 [M]. 2版. 北京：机械工业出版社，2010.
[8] 肖生发，等. 汽车工程学基础 [M]. 北京：人民交通出版社，2002.
[9] 蔡兴旺，等. 汽车构造与原理 [M]. 2版. 北京：机械工业出版社，2010.
[10] 王望予. 汽车设计 [M]. 4版. 北京：机械工业出版社，2011.
[11] [日] 竹花有也. 自动车工学概论 [M]. 东京：理工学社，1997.
[12] [日] 全国自动车整备专门学校协会. 汽油发动机构造 [M]. 3版. 东京：山海堂，2005.
[13] [日] 全国自动车整备专门学校协会. 柴油发动机构造 [M]. 3版. 东京：山海堂，2005.
[14] [日] 全国自动车整备专门学校协会. 底盘构造 [M]. 3版. 东京：山海堂，2005.
[15] 黄靖雄. 现代汽车构造 [M]. 台北：正工出版社，1998.

参考文献

北京大学出版社汽车类教材书目

序号	书　名	标准书号	著作者	定价	出版日期
1	汽车构造(第2版)	978-7-301-19907-7	肖生发，赵树朋	56	2014.1
2	汽车构造学习指导与习题详解	978-7-301-22066-5	肖生发	26	2014.1
3	汽车发动机原理(第2版)	978-7-301-21012-3	韩同群	55	2013.5
4	汽车设计	978-7-301-12369-0	刘涛	45	2008.1
5	汽车运用基础	978-7-301-13118-3	凌永成，李雪飞	26	2008.1
6	现代汽车系统控制技术	978-7-301-12363-8	崔胜民	36	2008.1
7	汽车电气设备实验与实习	978-7-301-12356-0	谢在玉	29	2008.2
8	汽车试验测试技术（第2版）	978-7-301-25436-3	王丰元，邹旭东	36	2015.3
9	汽车运用工程基础(第2版)	978-7-301-21925-6	姜立标	34	2016.3
10	汽车制造工艺（第2版）	978-7-301-22348-2	赵桂范，杨娜	40	2013.4
11	车辆制造工艺	978-7-301-24272-8	孙建民	45	2014.6
12	汽车工程概论	978-7-301-12364-5	张京明，江浩斌	36	2008.6
13	汽车运行材料（第2版）	978-7-301-22525-7	凌永成	45	2015.6
14	汽车运动工程基础	978-7-301-25017-4	赵英勋，宋新德	38	2014.10
15	汽车试验学	978-7-301-12358-4	赵立军，白欣	28	2014.7
16	内燃机构造	978-7-301-12366-9	林波，李兴虎	26	2014.12
17	汽车故障诊断与检测技术	978-7-301-13634-8	刘占峰，林丽华	34	2013.8
18	汽车维修技术与设备（第2版）	978-7-301-25846-0	凌永成	36	2015.6
19	热工基础（第2版）	978-7-301-25537-7	于秋红，鞠晓丽等	45	2015.3
20	汽车检测与诊断技术	978-7-301-12361-4	罗念宁，张京明	30	2009.1
21	汽车评估（第2版）	978-7-301-26615-1	鲁植雄	38	2016.1
22	汽车车身设计基础	978-7-301-15619-3	王宏雁，陈君毅	28	2009.9
23	汽车车身轻量化结构与轻质材料	978-7-301-15620-9	王宏雁，陈君毅	25	2009.9
24	车辆自动变速器构造原理与设计方法	978-7-301-15609-4	田晋跃	30	2009.9
25	新能源汽车技术（第2版）	978-7-301-23700-7	崔胜民	39	2015.4
26	工程流体力学	978-7-301-12365-2	杨建国，张兆营等	35	2011.12
27	高等工程热力学	978-7-301-16077-0	曹建明，李跟宝	30	2010.1
28	汽车电气设备（第3版）	978-7-301-27275-6	凌永成	47	2016.8
29	汽车电气设备	978-7-301-24947-5	吴焕芹，卢彦群	42	2014.10
30	汽车电器与电子设备	978-7-301-25295-6	唐文初，张春花	26	2015.2
31	现代汽车发动机原理	978-7-301-17203-2	赵丹平，吴双群	35	2013.8
32	现代汽车新技术概论（第2版）	978-7-301-24114-1	田晋跃	42	2016.1
33	现代汽车排放控制技术	978-7-301-17231-5	周庆辉	32	2012.6
34	汽车服务工程（第2版）	978-7-301-24120-2	鲁植雄	42	2015.4
35	汽车使用与管理	978-7-301-18761-6	郭宏亮，张铁军	39	2013.6
36	汽车数字开发技术	978-7-301-17598-9	姜立标	40	2010.8
37	汽车人机工程学	978-7-301-17562-0	任金东	35	2015.4
38	专用汽车结构与设计	978-7-301-17744-0	乔维高	45	2014.6
39	汽车空调	978-7-301-18066-2	刘占峰，宋力等	28	2013.8
40	汽车空调技术	978-7-301-23996-4	麻友良	36	2014.4
41	汽车CAD技术及Pro/E应用	978-7-301-18113-3	石沛林，李玉善	32	2015.4
42	汽车振动分析与测试	978-7-301-18524-7	周长城，周金宝等	40	2011.3
43	新能源汽车概论（第2版）	978-7-301-25633-6	崔胜民	37	2016.3
44	新能源汽车基础	978-7-301-25882-8	姜顺明	38	2015.7
45	汽车空气动力学数值模拟技术	978-7-301-16742-7	张英朝	45	2011.6

序号	书　名	标准书号	著作者	定价	出版日期
46	汽车电子控制技术(第3版)	978-7-301-27262-6	凌永成	46	2017.1
47	车辆液压传动与控制技术	978-7-301-19293-1	田晋跃	28	2015.4
48	车辆悬架设计及理论	978-7-301-19298-6	周长城	48	2011.8
49	汽车电器及电子控制技术	978-7-301-17538-5	司景萍，高志鹰	58	2012.1
50	汽车车身计算机辅助设计	978-7-301-19889-6	徐家川，王翠萍	35	2012.1
51	现代汽车新技术	978-7-301-20100-8	姜立标	49	2016.1
52	电动汽车测试与评价	978-7-301-20603-4	赵立军	35	2012.7
53	电动汽车结构与原理	978-7-301-20820-5	赵立军，佟钦智	35	2015.1
54	二手车鉴定与评估	978-7-301-21291-2	卢伟，韩平	45	2015.4
55	汽车微控制器结构原理与应用	978-7-301-22347-5	蓝志坤	45	2013.4
56	汽车振动学基础及其应用	978-7-301-22583-7	潘公宇	29	2015.2
57	车辆优化设计理论与实践	978-7-301-22675-9	潘公宇，商高高	32	2015.2
58	汽车专业英语	978-7-301-23187-6	姚嘉，马丽丽	36	2013.8
59	车辆底盘建模与分析	978-7-301-23332-0	顾林，朱跃	30	2014.1
60	汽车安全辅助驾驶技术	978-7-301-23545-4	郭烈，葛平淑等	43	2014.1
61	汽车安全	978-7-301-23794-6	郑安文	45	2015.4
62	汽车安全概论	978-7-301-22666-7	郑安文，郭健忠	35	2015.10
63	汽车系统动力学与仿真	978-7-301-25037-2	崔胜民	42	2014.11
64	汽车营销学	978-7-301-25747-0	都雪静，安惠珠	50	2015.5
65	车辆工程专业导论	978-7-301-26036-4	崔胜民	39	2015.8
66	汽车保险与理赔	978-7-301-26409-6	吴立勋，陈立辉	32	2016.1
67	汽车理论	978-7-301-26758-5	崔胜民	32	2016.1
68	新能源汽车动力电池技术	978-7-301-26866-7	麻友良	42	2016.3
69	汽车车身控制系统	978-7-301-27023-3	杭卫星	28	2016.5
70	汽车发动机管理系统	978-7-301-27083-7	贝绍轶	28	2016.6
71	汽车底盘控制系统	978-7-301-27693-8	赵景波	32	2016.11
72	汽车底盘机械系统	978-7-301-27270-1	李国庆	28	2016.7
73	现代汽车新技术（第2版）	978-7-301-27425-5	姜立标	57	2016.8
74	汽车新能源与排放控制（双语教学版）	978-7-301-27589-4	周庆辉	35	2016.10
75	汽车新技术	978-7-301-27692-1	邹乃威，周大帅	46	2016.11
76	汽车发动机机械系统	978-7-301-27786-7	李国庆	28	2016.12

如您需要更多教学资源如电子课件、电子样章、习题答案等，请登录北京大学出版社第六事业部官网 www.pup6.cn 搜索下载。

如您需要浏览更多专业教材，请扫下面的二维码，关注北京大学出版社第六事业部官方微信（微信号：pup6book），随时查询专业教材、浏览教材目录、内容简介等信息，并可在线申请纸质样书用于教学。

感谢您使用我们的教材，欢迎您随时与我们联系，我们将及时做好全方位的服务。联系方式：010-62750667，童编辑，13426433315@163.com，pup_6@163.com，lihu80@163.com，欢迎来电来信。客户服务QQ号：1292552107，欢迎随时咨询。